Bryld · Lieber Vater! Böser Vater!

Tine Bryld

Lieber Vater!
Böser Vater!

Aus dem Dänischen übersetzt
von Hanna Hammer

Loewe

Die Deutsche Bibliothek – CIP-Einheitsaufnahme

Bryld, Tine:
Lieber Vater! Böser Vater! / Tine Bryld.
Aus dem Dän. übers. von Hanna Hammer.
– 1. Aufl. – Bindlach : Loewe, 1998
Einheitssacht.: Ikke en engel <dt.>
ISBN 3-7855-3307-1

Dieses Buch ist auf chlorfrei gebleichtem Papier gedruckt.

ISBN 3-7855-3307-1 – 1. Auflage 1998
© Tine Bryld 1997
Zuerst erschienen bei Gyldendal, Kopenhagen,
unter dem Titel *Ikke en engel*
Aus dem Dänischen übersetzt von Hanna Hammer
Titelfoto: Thomas Schmid
Umschlaggestaltung: Tobias Fahrenkamp
Gesamtherstellung: Wiener Verlag, Himberg
Printed in Austria

Inhalt

Vorwort

Am 22. Oktober 1972 wurde „Tvaers", eine von mir moderierte Hörersprechstunde, zum ersten Mal im Radio ausgestrahlt. Es war die Zeit der Jugendrevolte, in der Studenten und viele andere Jugendliche laut und deutlich ihre Ansprüche verkündeten, zum ersten Mal Gehör fanden und in den Mittelpunkt des Interesses rückten.
Die Sendung war von Anfang an ein großer Erfolg. Viele Jugendliche wandten sich an uns mit Fragen und Hilferufen zu ihren Rechten zu Hause und am Arbeitsplatz. Es war neu, dass Jugendliche ihre Eltern kritisierten und darin Recht bekamen, dass die Verhältnisse geändert werden mussten. Wir waren ganz auf der Seite der Jugendlichen, und ich gebe gern zu, dass wir ab und zu auch etwas zu verständnisvoll waren und dass ich vielleicht mehr zu einem Advocatus Diaboli wurde, als meine eigenen Kinder in die Pubertät kamen. Eindeutig bestand großer Bedarf an anonymer Beratung, auch in Zusammenhang mit anderen Themen, die Jugendliche betrafen. Aus diesem Grund wurde „Tvaers" Teil des Jugendsenders P4 in P1, der jetzt bald mit ein paar Generationen von Jugendlichen Silberhochzeit feiert.

Heute ist „Tvaers" das, was es seit seinen Anfängen war: ein Beratungsprogramm für Jugendliche. Durch den Kontakt, der seit über 25 Jahren zu dieser Gruppe besteht, habe ich einiges über Beratung gelernt. Ich habe beispielsweise gelernt, dass man andere überhaupt nur in sehr wenigen Punkten beraten kann, da die Motive der Ratsuchenden sich oft grundlegend von denen unterscheiden, von denen der eine oder andere Experte oder wohlmeinende Zuhörer ausgeht.

Warum also sitze ich bei „Tvaers" und höre mir sonntagabends die Sorgen und Nöte unglücklicher Jugendlicher an? Als Antwort möchte ich Nannas Geschichte veröffentlichen. Ich habe mehrere Monate mit Nanna verbracht. Nanna ist ein 20-jähriges Mädchen, das eines Abends verzweifelt bei mir Hilfe suchte und glaubte, ich könne sie mit einem Zauberwort von ihrem Schmerz befreien. Aus ihrer Geschichte entwickelte sich eine Begegnung zweier Menschen aus zwei verschiedenen Generationen, die durch ihr persönliches Wissen einander helfen konnten, in anderen Bahnen zu denken, und die einander bereicherten.

Nannas Geschichte handelt von dem ungleichen Verhältnis eines Kindes zu seinem Vater.

Die Geschichte könnte ebenso gut eine Geschichte über Kinder gewalttätiger Eltern sein, über Kinder aus einem durch Alkohol- und Drogenmissbrauch zerrütteten Elternhaus oder über Kinder und Jugendliche aus so genannten normalen Familien, in denen nach außen scheinbar alles gut funktioniert und die Fassade erst rissig wird, wenn der Topf überläuft und der Wahnsinn sich ausbreitet.

Das Buch handelt von der Abhängigkeit, die immer zwischen Kindern und Eltern bestehen wird, und von dem Kampf, sich aus der Verantwortung für das Geschehen in der Familie zu befreien.

Das Buch ist eine Art Dialog, zusammengestellt aus Nannas

Briefen, Auszügen aus Radiosendungen und meinen – also Tine Brylds – Kommentaren. Die Radiogespräche wurden stark gekürzt, da solche Gespräche nicht wortwörtlich auf Papier übertragen werden können. Nannas Briefe habe ich nur an wenigen Stellen überarbeitet.

Nanna hat meinen Glauben bestärkt, dass Gespräche und Zuhören wichtig sein können, um uns selbst und andere besser zu verstehen.

Im Januar 1997 kam Nanna nach Kopenhagen, um ihre Geschichte zu lesen. Sie wohnte für einige Tage bei mir, und als sie wieder abfuhr, hinterließ sie folgende Zeilen auf meinem Schreibtisch:

„Es fällt mir schwer, das zu lesen. Ich versuche, alles weit von mir zu schieben – fast, als hätte es jemand anderer geschrieben. Ab und zu gelingt mir das, aber oft werde ich von zu vielen inneren Bildern überschwemmt, und das tut sehr weh."

Gestern haben wir über die Möglichkeiten gesprochen, anderen Menschen zu helfen. Ich werde nie versuchen, jemanden zu überreden, etwas von sich zu erzählen. Kann man genügend Geduld, Zeit und Ruhe aufbringen, ist es am besten, nur dazusitzen und sein Gegenüber nicht zu oft anzusehen.

Deine Katze sitzt vor mir und sieht mich sehr direkt an. Ich kann fast „sehen", was sie denkt: „Niemand ist so wertvoll wie ich."

Jetzt habe ich einen Klumpen im Magen. Ich wünschte, ich könnte weinen, damit der „Klumpen" verschwindet. So tut er nur weh. Zu weinen wäre eine Schwäche, aber auch eine Befreiung. Aber ich kann nicht mit Tränen weinen. Nur der „Klumpen" weint.

Tine Bryld, Januar 1997

9

Auftakt

Einer unserer Telefonisten macht mir vor der Glasscheibe des Studios Zeichen mit einem Zettel, und das ist ein Signal für mich: Etwas, das eilt, einer, der nicht warten kann und von dem die da draußen meinen, dass er auch nicht warten muss. Selbst wenn ich hier Ohr an Ohr mit einem total verzweifelten Jungen sitze.

Wir sind uns nicht immer einig, was wichtig ist. Und es kommt selten vor, dass wir beurteilen können, wo ein Gespräch wirklich zu Ende ist.

Ich entschuldige mich bei dem Jungen und flitze hinaus, um zu hören, was los ist. Nanna aus Südjütland ist am Telefon; sie hat schon früher angerufen, aber immer wieder aufgelegt. „Das ist wichtig, Tine, es geht um Inzest." Ich bitte den Telefonisten, Nanna an der Strippe zu halten, bis ich mich von dem Jungen verabschiedet habe.

Fast jeden Sonntag bekommen wir einen Anruf, in dem es um Inzest oder sexuellen Missbrauch geht. Die meisten Anrufer muss ich an andere Stellen verweisen. Aber die wenigsten wenden sich an diese Stellen. Dazu sind die Scham, die Angst, keinen Glauben zu finden, und die Konsequenzen eines Sprechens über das tabubelegte Thema zu groß.

Keinen Glauben finden. Das Schlimmste, was einem Menschen, der sich öffnet, passieren kann.

Ich nehme grundsätzlich jeden Jugendlichen, der bei „Tvaers" anruft, ernst. Manchmal bleiben die Anrufer nicht ganz bei der Wahrheit, dichten etwas zusammen oder erzählen eine Geschichte, die weder sie noch ich durchschauen. Manchmal handelt es sich auch um reine Lügengeschichten. Aber immer sprechen da Menschen, die niemand anderen haben, mit dem sie sprechen können.

Die paar Male, die ich gemerkt habe, dass mir eine erfundene Geschichte erzählt wurde, war ich mir auch irgendwie darüber im Klaren, dass diese Geschichte nur erfunden sein konnte. Aber in der Regel waren diese Geschichten gut, sie hätten auch wahr sein können. „Tvaers" ist auch ein Unterhaltungsprogramm.

Nanna ist irgendwo da draußen, ihre Stimme ist leise und voller Angst. Schon bevor wir die ersten richtigen Worte wechseln, sagt sie, dass sie besser auflegen sollte. Ich kann ihr nicht helfen. Sie ist 20.

Ich lasse sie nicht auflegen. Wenn wir sagen, dass niemand uns helfen kann, ist das oft nur ein versteckter Hilferuf.

Auszug aus einem Radiogespräch vom 4.2.1996

– Ich rufe an ... weil ... es geht um meinen Vater, das geht schon, solange ich mich erinnern kann ... er ist sehr böse und gewalttätig zu mir gewesen.

Meine Eltern haben nie zusammen gewohnt, sie waren noch sehr jung, als ich kam, 16 und 18. Ich habe meinen Vater an den Wochenenden und in den Ferien besucht. Er ist auch oft zu uns nach Hause gekommen, weil meine Mutter psychisch labil ist und oft ins Krankenhaus musste.

Während sie im Krankenhaus war, habe ich bei ihm gewohnt. Ich habe auch noch einen kleinen Bruder von 13 Jahren, aber er hat einen anderen Vater und kommt zu einer Pflegefamilie, wenn es meiner Mutter schlecht geht.

– Kannst du etwas über dein Verhältnis zu deinem Vater erzählen?

– Ich hatte ihm gegenüber gemischte Gefühle. Ich hatte unheimliche Angst vor ihm, und ich war furchtbar wütend auf ihn.

– Warum hattest du Angst vor ihm?

– Er war immer sehr gewalttätig, immer.

– Wie äußerte sich das?

– Er hat mich geschlagen und eingesperrt.

– Warum war er so gewalttätig?

– Heute ist mir klar, dass es um Macht ging.

– Wollte er Macht über dich haben?

– Ja, die Macht, über jemanden befehlen zu können.

– Aber du warst doch ein kleines Mädchen, das zu Besuch kam?

– Er hat mich auch missbraucht.

– Wie? Sexuell?

– ... Ja.

– Wann hat das angefangen?

– Bevor ich in die Schule kam.

– Wie weit ist er gegangen?

– Na ja, ziemlich weit.

– Bis zum Geschlechtsverkehr?

– Nein, da war ich schon älter, aber ich musste ihn streicheln und bestimmte Sachen mit ihm machen.

Er konnte furchtbar wütend werden. Ich wusste nicht, woran ich mit ihm war, wusste nicht, was jetzt passieren sollte und wie alles enden würde. Aber ich wusste immer, wenn etwas in der Luft lag. Manchmal spielte er sein Spiel schon, wenn er mich bei meiner Mutter abholte. Irgendetwas in seiner Stimmlage oder in seinem Blick sagte mir, was passieren würde.

– War deine Mutter oft im Krankenhaus?

– Zeitweise ja.

– Und dann hast du bei ihm gewohnt?

– Ja.

– Wann ist er zum ersten Mal mit dir ins Bett gegangen?

– Ich muss so sieben oder acht Jahre gewesen sein.

– Kannst du dich erinnern, ob du einmal Nein gesagt hast?

– Das hab ich mich nicht getraut, weil er mich ab und zu auch geschlagen hat ... nein, ich habe ihm nie gesagt, dass er aufhören soll.

– Hattest du Angst, Nein zu sagen?

– Ja, später hab ich ihn gebeten aufzuhören, aber dann hat er mir damit gedroht, dass er niemals mehr etwas mit mir zu tun haben will, wenn ich etwas sage, und dass er niemals mehr mit meiner Mutter etwas zu tun haben will, und sie ist sehr darauf angewiesen, dass er den Kontakt zu ihr aufrecht hält.

– Was ist denn mit deiner Mutter, hat sie nicht gemerkt, dass etwas nicht stimmte?

– Sie hat nie was gesagt, und wenn ich nicht wollte, musste ich am Montagmorgen nicht zur Schule gehen. Sie hat nie gefragt, wenn ich blaue Flecken hatte, und hat einen Zettel für die Sportlehrerin geschrieben, damit ich nicht mitturnen musste.

Sie hasst Behörden. Jedes Mal, wenn jemand vom Jugendamt kam, wurde die Wohnung total auf den Kopf gestellt, damit alles gut aussah. Einmal haben wir mehrere Tage gebraucht, um die Wohnung auf Vordermann zu bringen, und dann war die Sozialarbeiterin nur ganz kurz da. Ich wurde vorgeführt und wieder rausgeschickt. Ich kam gut in der Schule mit, also war die Sozialarbeiterin zufrieden. Sie kam oft, wenn meine Mutter aus dem Krankenhaus entlassen worden war. Nach einem Krankenhausaufenthalt ging es meiner Mutter immer gut. Ohne dass es mir jemand beigebracht hätte, wusste ich, was ich sagen musste, und vor allem, was ich nicht sagen durfte. Bei den anderen Kindern im Haus war das nicht anders. Kam jemand von den Behörden, verbreitete sich das schnell, die Buschtrommeln nahmen ihre Arbeit auf, und alle waren gewarnt. So verteidigten wir uns gegen die Behörden. Wir gegen sie.

– Hattest du oft blaue Flecken, wenn du von deinem Vater kamst?

– Er hat mich selten ins Gesicht geschlagen, sondern auf den nackten Po oder wenn ich angezogen war.

– Du bist doch in den Kindergarten gegangen. Hat denn da niemand etwas gemerkt?

– Einmal hab ich versucht, einer Kindergärtnerin was zu erzählen, nicht direkt, aber daraufhin ist nichts passiert. Mein Vater machte immer einen charmanten und interessierten Eindruck. Alle dachten, ich könnte froh sein, so einen lieben Vater zu haben.

– Was ist mit deinen Großeltern?

– Meine Eltern haben beide mit ihren Familien gebrochen. Wir kannten niemanden. Das war auch einer der Gründe, warum meine Mutter so abhängig von meinem Vater war. Er konnte ja auch total nett zu uns sein, Geschenke mitbringen und uns zu Reisen einladen. Er hat mir bei den Schularbeiten geholfen und mich zu Waldwanderungen mitgenommen, wo wir gespielt haben und Spaß miteinander hatten. Ich war auch auf ihn angewiesen, wenn meine

Mutter ins Krankenhaus musste. Die Alternative war gefährlich, er sagte, ich würde in ein Heim gesteckt.

Mit 16 zieht Nanna von zu Hause aus und nimmt sich ein Zimmer. Sie raucht schon lange Hasch, nimmt verschiedene andere Drogen und wird schließlich so abhängig davon, dass die Drogen ihr Leben vollständig beherrschen. Sie verbraucht ihre gesamten Kindheitsersparnisse, der Vater gibt ihr Geld, sie macht Einbrüche und hat zahlreiche lose Beziehungen zu Männern. Nach acht Monaten schweren Drogenmissbrauchs wird sie geschnappt und vor die Wahl gestellt, sich zwischen dem Aufenthalt in einem Fürsorgeheim oder einer Polizeistrafe zu entscheiden. Sie entscheidet sich für das Heim, macht eine radikale Entziehungskur und bleibt ein Jahr in einem betreuten Wohnheim, bevor sie sich ein Zimmer nimmt und mit dem Gymnasium beginnt.

– Entschuldige die Frage, aber was glaubst du, dass ich für dich tun kann?
– Mir helfen, von meinem Vater loszukommen.

Kurz darauf ist unser Gespräch zu Ende. Es ist nicht leicht, mit Nanna zu sprechen, ich komme mir wie ein Vernehmungsleiter vor, springe vor und zurück und möchte am liebsten sofort die ganze Geschichte hören, um mich davon zu überzeugen, dass Nanna so schnell wie möglich an einen sachkundigen Psychologen überwiesen werden sollte. Ihre Stimme ist leise, ich muss sie mehrere Male bitten, etwas zu wiederholen, sie ist ausweichend und fühlt sich merkbar unbehaglich bei meinen direkten Fragen. Nanna will mir schreiben, dabei fühlt sie sich sicherer, sagt sie.

Ich bin deprimiert, wütend und kann nicht schlafen.

18.2.96

Liebe Tine,

... es wäre leichter, wenn er nur schlechte Seiten hätte, aber er hat auch viele gute Seiten. Vielleicht hat er mir vor allem materiell geholfen, aber er hat auch einiges an Zeit geopfert, um mit mir in den Zirkus, nach Legoland oder Sommerland zu fahren, und da war er nicht nur ein Erwachsener, der dastand und zuguckte, sondern einer, der bei den verschiedenen Aktivitäten mitmachte. Ich brauche das auch etwas als Entschuldigung, „denn wenn er Zeit und Geld für mich aufbringt, muss er doch auch mit mir machen können, was er will". Als ich drogenabhängig war, war es das Gleiche. Ich habe viel Geld von ihm bekommen, um meinen Konsum aufrecht halten zu können. In dieser Zeit ist mir alles nicht so schlimm vorgekommen, da ich vorher Stoff nehmen konnte, und wenn ich keinen hatte, ließ er mir immer Geld und Zeit, um mir welchen zu besorgen.

Als Kind musste ich immer aufpassen, nicht zu weinen, denn dann wurde er sauer. Manchmal schickte er mich in den Keller, und ich durfte erst wieder raufkommen, wenn er es mir erlaubte oder wenn ich mich wieder ordentlich benehmen konnte. Oder er hat mich geschlagen, und danach musste ich Sachen mit ihm machen.

Oft hat er mich im Keller festgebunden. Mit einem Stück Kordel um den Bauch, das er an der Heizung befestigt hat. Der Fußboden war kalt, und ich war immer nackt. Unten im Keller stand ein alter Ölofen, der für mich fast menschliche Züge annahm. Ab und zu machte der Ofen einen gewaltigen Krach, dann fand ich ihn furchtbar, aber oft war ich auch froh über das gemütliche Brummen, und außerdem war er warm. Eigentlich war er ein lieber alter Kerl.

Eines Abends saß ich auch unten; er war in die Stadt gegangen, und ich musste Pipi machen, aber ich traute mich nicht nach oben auf die Toilette. Mein Magen tat weh, ich schwitzte, musste brechen und fühlte mich schlecht; das passiert mir heute noch, ich glaube, es ist psychosomatisch. Ein anderes Mal, als ich da unten saß und er in der Stadt war, hat er eine Frau mit nach Hause gebracht. Ich konnte sie im Schlafzimmer hören und einfach nicht verstehen, dass er es auch mit anderen machte. Selbst in meiner wildesten Fantasie konnte ich mir nicht vorstellen, dass eine erwachsene Frau freiwillig bei so etwas mitmachen würde. Am nächsten Morgen kam er runter, um mich zu holen. Er forderte mich auf, mich anzuziehen und mit ihnen zu frühstücken. Die Frau interessierte mich sehr, in meinen Augen war sie ein merkwürdiger Mensch, da ihr Sex Spaß zu machen schien. Später badeten die beiden zusammen, und mein Vater sagte, ich solle raufkommen und ihnen zusehen. Das war widerwärtig, aber ich war auch froh, dass ich nicht dran war. Irgendwann sagte die Frau, ich solle rausgehen, und diesen Tag durfte ich dann allein in meinem Zimmer verbringen.

19.2.96

Ich hoffe, du kannst das, was ich geschrieben habe, lesen. Ich lese es selbst nicht, das mache/wage ich nicht.

Er hat mich fotografiert. Wenn er mir die Fotografien zeigt, sehe ich nicht hin, sondern versuche, ins Leere zu schauen. Ich finde die Fotos beschämend und habe immer Angst gehabt, dass er sie jemandem zeigt.

Mit am schlimmsten war es für mich, wenn ich mich selbst berühren sollte. Das war so eklig. Manchmal trafen wir ein Abkommen: Wenn ich mich nicht selbst berühren wollte, musste ich ihn mit der Hand oder dem Mund berühren. Oft hatte ich Angst zu ersticken, aber irgendwie hoffte ich auch darauf.

Zuerst sollte ich ins Bad gehen und mir die Zähne putzen. Er sagte, ich sei schmutzig und er wolle sich keine Bakterien von mir einfangen. Früher bin ich am Tag oft mehrmals ins Bad gegangen, aber jetzt habe ich ein Abkommen mit mir getroffen, dass ich nur einmal am Tag ins Bad gehe. Wenn ich jetzt davon erzähle oder schreibe, komme ich mir sehr schmutzig vor.

Was passiert ist, macht mich verlegen und beschämt, und ich muss aufpassen, nicht „die schlechte Person zu sein, die andere mit Schmutz bewirft".

Zeitweise bin ich sehr selbstzerstörerisch mit mir selbst umgegangen (ich schreibe in der Vergangenheit, aber es ist gut möglich, dass ich das immer noch tue). Ich habe schließlich begriffen, dass ich das nur getan habe, weil körperlicher Schmerz greifbarer ist und deshalb besser auszuhalten.

Leider muss ich jetzt gehen, ich muss zur Arbeit.

21.2.96

Dieser Brief hat keine Einleitung. Verdammt ... es ist so schwer, aber ich will darüber schreiben ...

Oft hatte ich Angst kaputtzugehen, wenn er in mich eindrang. Ich sitze hier und schwitze, mir ist übel, ich kann kaum aufschreiben, was er getan hat. Oft passierte es im Wohnzimmer. Er legte mich nah an der Kante auf den Tisch, sodass er an mich dran konnte.

Am wehesten tat es, wenn ich auf dem Bauch lag, andererseits war es so leichter, mich wegzuträumen, und außerdem musste ich ihm in dieser Stellung nicht ins Gesicht sehen. Wenn ich auf dem Rücken lag, hielt er mir manchmal einen Spiegel hin: Ich sollte uns dabei zuschauen. Ich zwang mich, lautlos Lieder aufzusagen, um an etwas anderes zu denken.

Im Schlafzimmer musste ich oft auf Kissen liegen. Viele Male musste ich ihn oral befriedigen, und einmal behauptete er, dass ich dabei den Mund nicht weit genug aufmachte und ihm wehtäte. Er wurde sehr wütend, und ich hatte große Angst, er würde mich totschlagen. Er nahm ein Messer und schnitt mir damit leicht in die Innenseiten der Oberschenkel. Er sagte, dass so alle sehen könnten, was für eine ich sei.

Es vergingen viele Jahre, bis ich Kleider oder Shorts anziehen mochte.

Im Moment bin ich ziemlich sauer auf mich. Es fehlt nicht viel, und ich werfe den Brief weg. Warum sich mit etwas quälen, das passiert und nicht zu ändern ist? Vielleicht habe ich selbst Schuld, dass alles so weitergeht.

Ich weiß, dass das nicht stimmt, aber die Fragen geistern in meinem Hinterkopf herum.

Es wird mir sehr schwer fallen, dich Sonntag anzurufen, aber ich hoffe, ich habe genug Mut, es zu tun.

Vielen, vielen Dank, dass du mir helfen willst.

Nanna

Ich bekomme alle drei Briefe auf einmal. Mir gefriert das Blut in den Adern; Nanna schreibt so, dass ich es nicht vermeiden kann, das kleine Mädchen und dieses Schwein vor mir zu sehen, das ich auf der Stelle erdolchen würde, wüsste ich, wer er ist. Aber mein Ekel hilft Nanna nicht. Es geht hier nicht um meine Gefühle, nicht um das Strafgesetz und nicht um Normen. Sondern um ein junges Mädchen, das weit von mir entfernt begonnen hat, sich zu spüren. Ich kann ihr helfen, indem ich Fragen stelle, die sie dazu bringen können, das Geschehene anders zu sehen – vielleicht. Ich kann ihr helfen, indem ich ihr zuhöre und sie vielleicht später mit ihren inneren Feinden konfrontiere. Aber im Anfangsstadium ist es für mich am wichtigsten, etwas Ordnung in die Chronologie zu bringen.

Auszug aus einem Radiogespräch vom 25.2.96

– Was kam nach dem Fürsorgeheim?
– Ich hab mir ein Zimmer genommen und hab in den Tag hinein gelebt. Ich hätte an ein paar Kursen teilnehmen müssen, aber zu der Zeit gingen die Probleme mit meinem Vater wieder los. Deshalb bin ich wieder umgezogen und dann wieder, um von ihm wegzukommen. Jeden zweiten

oder dritten Monat hab ich meine Adresse geändert. Ich hab schon fast in meinen Umzugskartons gelebt.

– War er denn weiterhin mit dir zusammen?

– Hmm.

– Wie hat er dich immer gefunden?

– Daran war ich auch selbst schuld, weil ich Kontakt zu meiner Mutter und meinem Bruder hatte; sie haben meine Adresse an ihn weitergegeben.

– Hat deine Mutter sich nicht gewundert, dass du umgezogen bist, ohne ihm deine neue Adresse zu geben?

– Sie stellt nie Fragen. In dieser Zeit traf er sich auch mit einer Frau. Das hat ein Jahr gedauert, und in diesem Jahr hat er mich nicht angerührt. Er hat mich nur besucht, und wir haben es uns auf eine gute Art gemütlich gemacht. Aber leider ging die Beziehung auseinander.

– Und danach wollte er wieder was von dir?

– Ja, leider; aber durch die Zeit ohne ihn hatte ich so viel Mut bekommen, dass ich mich nicht mehr mit seinen Gewalttaten abfinden wollte. Einmal habe ich sogar versucht, ihn anzuzeigen.

– Wie alt warst du da?

– Ungefähr 18. Er hat mich über den Augenbrauen an der Stirn verletzt und mir ein Stück von einem Zahn ausgeschlagen. Da habe ich Panik bekommen, und als er aus der Tür war, habe ich die Polizei angerufen und ihn angezeigt.

– Ist die Polizei gekommen?

– Ja, ich bin auf die Unfallstation gebracht und von einem Arzt untersucht worden, und später haben sie mich verhört. Danach haben sie mich nach Hause gebracht.

– Ist die Polizei zu deinem Vater gefahren?

– Ich glaube, sie sind zuerst zu meiner Mutter gefahren und dann erst zu meinem Vater, aber er hat alles abgestritten.

Außerdem habe ich, kurz nachdem ich wieder zu Hause war, meine Anklage zurückgezogen.

– Warum?

– Ich bin durch die Wohnung gewandert, und dann habe ich meine Mutter angerufen, und sie hat mir erzählt, dass die Polizei da war. Sie ist total ausgeflippt, hat geweint und war ganz außer sich.

– Hat sie sich gar nicht dafür interessiert, was passiert war?

– Sie war total unglücklich.

– Hat sie dich nicht gefragt, ob du zu ihr nach Hause kommen willst?

– Nee, sie ist total zusammengebrochen, nachdem die Polizei da war, und dann hat sie die Pflegefamilie von meinem kleinen Bruder angerufen. Die war inzwischen auch unterwegs, um ihn abzuholen. Mutter sagte, er würde bestimmt lange wegbleiben.

– Sie hat dir also Vorwürfe gemacht?

– Ja, weil ich ... er hat das ja auch zu spüren bekommen.

– Hast du dich wegen der Anzeige schuldig gefühlt?

– Ja, ich hab mich schuldig gefühlt, weil mein Bruder darunter zu leiden hatte.

Ich musste ja zu der Unfallstation; ich war da schon früher gewesen und wusste von den vorigen Malen, dass die dauernden Fragen, was passiert sei, nicht leicht zu beantworten waren. Ich bin da einige Male gewesen, nachdem ich zu Hause ausgezogen war. Einmal hat mich sogar mein Vater hingebracht, als er mir die Nase gebrochen hatte.

– Was hat er denn geantwortet, als der Arzt ihn gefragt hat, wie das passiert sei?

– Irgendwas, dass ich von der Schaukel gefallen sei oder so was.

– Hast du deine Mutter nicht mal gefragt, warum sie deinem

Vater deine Adresse gegeben hat trotz deiner Bitte, es nicht zu tun?

– Ich hab ihr mehrere Male gesagt, sie soll sie ihm nicht geben.

– Hast du sie gefragt, warum sie sie ihm immer wieder gegeben hat?

– Nicht direkt.

– Warum nicht?

– Wir haben nie so direkt miteinander gesprochen.

Ich lese Nannas Briefe, kommentiere sie aber noch nicht. Aber ich werde zornig, wenn ich sie lese, das kann ich wohl sagen. Wir treffen ein einfaches Abkommen. Nanna soll ihrem Vater schreiben, dass er sie nicht mehr besuchen soll. Sie hat eine kleine Wohnung ungefähr 100 km von seinem Wohnort entfernt, aber als Einkaufsleiter einer großen Firma ist er auf Dienstreisen oft in ihrer Nähe. Sie geht aufs Gymnasium, und das Lernen macht ihr Spaß. Die Mutter wohnt in derselben Stadt wie der Vater, aber im Gegensatz zu ihm, der ein eigenes Haus besitzt, wohnt sie in einer Sozialwohnung.

Brief vom 3.3.96

Es ist unglaublich schwer, den Brief an meinen Vater anzufangen. Wie zum Teufel soll ich beginnen, und wie kann ich schreiben, dass er mich auch versteht? Die Briefe, die ich ihm früher geschrieben habe, sind zu böse, sie sind voller Flüche und Verwünschungen. Ich bin zu schwach und entschuldige mich zum Teil dafür, dass ich ihm überhaupt schreibe.

Vielleicht steht gar nicht viel in dem Brief, den ich ihm jetzt geschrieben habe, aber es steht das drin, was ich ihm sagen will.

Ich kann nicht lange auf ihn böse sein. Das ist ein verbotenes Gefühl. Irgendwie tut er mir Leid. Ich komme mit meiner Wut auf ihn nur schlecht zurecht und weiß nicht, wie ich damit umgehen soll. Deshalb bin ich lieber wütend auf mich, das ist nicht so gefährlich, und diese Wut kann ich auch rauslassen.

Wenn ich Schwäche zeige, zeige ich sie total: in meiner Körpersprache, in meiner Stimme, in meiner Wortwahl und in meinen Handlungen. Und auch im Verhältnis zu meinem Vater läuft vieles intuitiv ab. Anderen kommt eine Situation zum Beispiel gar nicht gefährlich vor, da sie nicht wissen, was ein bestimmter Blick oder eine Bemerkung zu bedeuten haben.

Wenn ich zurückdenke, habe ich lange Jahre indirekt versucht, auf diese krankhafte Situation aufmerksam zu machen.

Aber ich wollte mich nicht festnageln lassen, und niemand hat mich festnageln können. Ich habe mich „entzogen". Ich war – und bin – sehr gut darin, um den heißen Brei herumzureden und nicht zu antworten, wenn ich gefragt werde. Deshalb haben die anderen schließlich aufgegeben. Ich war auch bisher nicht bereit zu reden. Ich zweifle, ob ich es jetzt bin, aber ich möchte es gern und kann so auch nicht weitermachen. Ich habe Angst, dass ich wieder mit dem Gymnasium aufhören muss, wenn alles noch länger so weiterläuft, und ich weiß nicht, ob ich die Kraft habe, woanders noch mal anzufangen. Ich kann so nicht weiter-leben.

Vor ein paar Jahren war ich psychisch sehr labil und hatte starke Stimmungsschwankungen. Ich konnte sehr still und in mich gekehrt sein und dann plötzlich – ohne einsichtigen Grund – vor Aggressivität explodieren. Heute kann ich sehen, dass ich auf diese Weise andere abschrecken wollte, damit sie mir nicht zu nahe kamen und die Wahrheit über mich herausfanden. Ich wollte diesen Zusammenhang ein-fach nicht sehen und hatte deshalb auch keine Schuld, wenn meine Bekanntschaften nicht hielten.

Diese gewaltsamen Reaktionen haben mich selbst auch erschreckt, aber ich brauchte diese Flucht vor mir und anderen.

Es kann durchaus sein, dass ich meiner Mutter gar keine Chance gebe, das zu sein, was andere unter einer Mutter verstehen, und ich glaube nicht, dass sie die Initiative ergreifen wird. Ich will sie auch nicht drängen. Ich weiß eigentlich gar nicht, was sie für mich tun könnte und was ich mit ihr anfangen soll.

Ich musste ja, seit ich klein war, für mich selbst die Verant-wortung tragen, und diese Verantwortung abzugeben wäre unglaublich schwer.

Ich glaube nicht, dass ich es wage, die Zügel aus der Hand zu geben. Warum sollte ich auch? (Ich weiß nicht, warum ich das jetzt schreibe.)

Je mehr ich versuche, meine Mutter mit anderen Augen zu sehen, desto mehr sehe ich sie wie ein rohes Ei – das leicht kaputtgeht.

Ich habe dir erzählt, dass mein Bruder mir sehr viel bedeu-tet. Er kommt ungefähr jedes dritte Wochenende zu mir, an dem er normalerweise bei seiner Pflegefamilie ist. Er sagt, dass unsere Wochenenden ihm sehr wichtig sind, und darüber bin ich unheimlich froh.

Glücklicherweise wird darauf Rücksicht genommen, dass meine Mutter und mein Bruder Hilfe brauchen. Selbst wenn mir meine Kindheit nicht so schlimm vorkommt, soll mein Bruder es besser haben. Ich denke jetzt nicht an meinen Vater, sondern an den Alltag mit meiner Mutter, die zeitweise sehr verwirrt war. Im einen Moment konnte sie glücklich sein, singen, Essen kochen und sauber machen, und im nächsten furchtbar weinen, unzufrieden mit sich und anderen sein und sich in ihrem Schlafzimmer vergraben. Nach einer depressiven Zeit kam oft eine Zeit der Sauftouren. Ich sah sie nur, wenn sie aufstand und sich zum Ausgehen fertig machte. In solchen Zeiten musste ich allein aufstehen, um in die Schule zu gehen, und mir selbst mein Essen machen. Ich denke, dass die Gemeinde deshalb Sozialarbeiter zu uns schickte.

Ich habe nie jemanden aus der Schule direkt mit nach Hause gebracht; ich wollte immer erst sehen, in welcher Stimmung meine Mutter war.

5.3.96, ca. 23.00 Uhr

So eine verdammte Scheiße ... Es geht mir so verdammt schlecht ...

Mein Vater ist heute Abend hier gewesen, und es ist nicht gerade gut gelaufen.

Der ganze Mut, den ich Sonntagabend hatte, war total weg. Ich brachte gerade noch heraus, dass ich ihn anzeigen würde. Er grinste nur und reagierte so, wie ich es befürchtet hatte. Er wurde stocksauer und sehr gewalttätig.

Er tauchte in der Imbissbude auf, in der ich arbeite, und bestellte sich ein Bier. Ich konnte ihm ansehen, dass etwas passieren würde, er war in der Stimmung dazu. Ich habe überlegt, ob ich die Polizei anrufen sollte, aber was hätte ich sagen sollen? Mein Vater sitzt ruhig hier und trinkt ein Bier!! Er war sehr redselig und erzählte, dass er mein Vater sei und dass ich immer sein kleines Mädchen sein werde. Andere Menschen fallen schnell auf seinen Charme herein und halten ihn für einen netten Kerl.

Meine Schichtablösung kam etwas früher, und mein Chef sagte, ich könne gehen, da ich Besuch von meinem Vater hätte. In Gedanken suchte ich nach einem Ausweg, fand aber keinen. Mein Vater sagte: „Das ist toll, dann kann ich ja noch meine Tochter besuchen." Der Blick, den er mir zuwarf, reichte, um zu wissen, dass ich ihm besser nicht widersprechen sollte.

Sobald wir zu Hause ankamen und ich die Tür aufgeschlossen hatte, stieß er mich rein und ... ja, dann passierte es. (Mir fehlen die Worte, ich kenne einfach kein Wort, das umfassend und hässlich genug ist, das zu beschreiben.)

Ich konnte nur ganz passiv alles geschehen lassen, was geschehen sollte, und versuchen, mich so weit wie irgend möglich wegzudenken. Es ist viel schlimmer, wenn ich etwas mit ihm machen soll.

Es war schnell vorbei, es war fast so, als ob er aufgeben würde, und er wirkte unzufrieden.

Als er fertig war, sagte er, ich sei ekelhaft schmutzig und würde übel riechen. Er wolle sich an einem so dreckigen Mädchen nicht schmutzig machen, und er verlangte, dass ich ein Bad nahm. Ich war überrascht, aber auch wütend, was mich irgendwie handlungsunfähig machte. Aber nach ein paar Ohrfeigen ging ich ins Bad. (Er hat eine unheimliche Macht über mich, die mich nahezu zu einer Marionette werden lässt.)

Übrigens hat er mich oft ins Bad geschickt, bevor er sich fortmachte. Heute glaube ich, dass er das aus Angst vor einer Anzeige getan hat.

Bevor er ging, fragte er mich, wie ich andere davon überzeugen wolle, dass das, was passiert sei, wirklich passiert sei. Er würde jederzeit jeden davon überzeugen können, dass ich wie meine Mutter psychisch labil sei, und einer früheren Narkomanin würde sowieso niemand glauben. Er würde erzählen, alles sei genauso wie beim letzten Mal gewesen, als ich ihn angezeigt hatte, weil er mich angeblich überfallen hatte. Schon bei dem geringsten Druck würde ich Angst bekommen und meine „Lügengeschichte" widerrufen. Dann ging er.

Nach so einem Vorfall mache ich immer das Gleiche. Zuerst schließe ich die Tür ab und schiebe die Kommode davor. Dann gieße ich mir einen Drink ein, diesmal Whisky, und danach dusche ich; doch egal, wie lange ich unter der Dusche stehe, ich fühle mich schmutzig, ich kann ihn nicht von mir abwaschen. Dann hole ich Kissen, Decken, die Flasche und Zigaretten und stelle den Computer in eine bestimmte Ecke. Da sitze ich dann und versuche, mich wieder so weit unter Kontrolle zu bekommen, dass ich das, was zu tun ist, tun kann. Jetzt sitze ich also hier und schreibe, aber diesmal schreibe ich nicht für den Mülleimer. Es ist merkwürdig, denn früher schrieb ich mindestens zur Hälfte dafür, das Geschriebene nachher zu verbrennen. Ich war von dem Feuer fasziniert.

Wie ich dir schon erzählt habe, habe ich vor ein paar Jahren ein Schnappmesser gekauft, um ihn damit niederzustechen. (Ist das ein krankhafter Gedanke?) Ich bin froh, dass ich das Messer habe, es gibt mir eine gewisse Sicherheit. Inzwischen genieße ich die Vorstellung, es ihm in die Brust zu rammen. Ich bin, wie gesagt, ein Feigling und traue mich nicht, ihn wirklich niederzustechen, wenn es dazu kommt. Aber allein der Gedanke, dieses Messer zu haben, hilft mir, mich sicher zu fühlen. Ich weiß, dass es einige unschöne Konsequenzen hätte, wenn ich ihn wirklich umbringen würde, aber in Momenten wie jetzt bin ich bereit, diese Konsequenzen zu tragen.

Es tut unglaublich gut zu wissen, dass ich dich einfach anrufen kann, auch wenn ich nicht weiß, was ich dir sagen sollte. Es ist ja passiert. Es ist jetzt auch schon so spät, dass ich nicht anrufen werde, aber es ist schön, das Angebot zu haben.

Du musst mir sagen, wenn ich dich nicht mehr anrufen oder dir nicht mehr schreiben soll, weil ich nichts unternehme, um die Situation zu ändern. Ich bin unglaublich froh, dass du mir zuhörst.

Ich habe ihn gerade angerufen und auf seinen Anrufbeantworter gesprochen, dass ich in der letzten Zeit mit anderen Menschen über das, was vorgefallen ist, gesprochen habe. Ich weiß nicht, wie überzeugend meine Stimme geklungen hat, da ich ein bisschen getrunken habe und immer noch erschüttert bin über das, was passiert ist.

Ich habe mich entschlossen, morgen früh nicht in die Schule zu gehen, da ich bestimmt einen fürchterlichen Kater haben werde.

Ich hätte dir gern einen positiven Brief geschrieben, aber daraus wird wohl vorläufig noch nichts.

PS

Ich schicke dir den Brief mit, den ich ihm neulich geschrieben habe. Ich habe ihn immer noch nicht abgeschickt, aber vielleicht sollte ich das tun, damit er ganz klar versteht, dass ich nicht mehr will. Ich glaube auch, dass ihn das, was ich auf seinen Anrufbeantworter gesprochen habe, schockiert.

Der Brief an den Vater

Im Normalfall fängt man einen Brief mit „Lieber" oder „Hallo" an, aber diesen Brief kann ich nicht so anfangen, weil ich dich so sehr hasse, dass ich nicht weiß, wie ich meinen Hass ausdrücken soll.

Ich schreibe dir, weil ich nicht direkt mit dir sprechen kann, und was glaubst du wohl, warum? (Ich will keine Antwort haben.)

All die Jahre, an die ich mich erinnern kann, hast du mir mein Leben mit deinen anormalen Begierden und deinem unnatürlichen Machtdrang vergiftet.

Ich will einfach nicht, dass es so weitergeht, jetzt muss Schluss sein. Kannst du das nicht verstehen, zwingst du mich wirklich, zur Polizei zu gehen? Ich möchte diesen Gang gern vermeiden, aber wenn es der einzige Weg ist, dich von mir fern zu halten, werde ich diesen Weg gehen.

In der letzten Zeit habe ich mit anderen über das, was du getan hast, gesprochen. Ihre Gefühle dir gegenüber sind anders als meine, und sie haben keine Bedenken, dich anzuzeigen. Ich habe unter anderem mit meinem Arzt gesprochen, und er hat mich an einen Psychologen überwiesen.

Du solltest auch einen Psychologen aufsuchen, und ich bin gern bereit, mit dir zusammen zu einem Therapeuten zu gehen. Falls du dich um Hilfe bemühen willst, kannst du gern zu mir Kontakt aufnehmen.

Du wirst es bereuen, wenn du deinen Ärger auf die eine oder andere Weise an meiner Mutter oder meinem kleinen Bruder auslässt. Ihnen gegenüber solltest du dich wie immer verhalten.

Ich werde den beiden erzählen, dass ich keinen Kontakt mehr zu dir haben möchte und dass sie sich zwischen dir und mir entscheiden müssen. Entweder du gehst oder ich. Lieber Vater, versuch mich zu verstehen, ich meine es ernst – jetzt ist Schluss.

Der Telefonist begegnet mir auf dem Weg ins Studio. Er sieht traurig aus. Nanna hat angerufen; es ging ihr ziemlich schlecht.

Auszug aus einem Radiogespräch vom 10.3.96

– Ich habe gehört, dass es dir dreckig geht?
– Ja, obwohl eigentlich nichts passiert ist.
– Hast du von ihm gehört?
(Pause)
– War er bei dir?
(Pause)
– War er bei dir?
– Hmm.

– Wann?

– Donnerstag.

– Was ist passiert?

– Eigentlich nichts.

– Hast du die Tür aufgemacht?

– Ja, ich hatte gar nicht abgeschlossen.

– Er ist also reingekommen?

– Hmm.

– Was hat er gesagt?

– Er kam mit ein paar dummen Drohungen.

– Was hat er gesagt?

– Er hat einige Fotos, die er mir jedes Mal zeigt. Fotos, die er gemacht hat.

– Von dir?

– Hmm.

– Nackt?

– Hmm.

– Wann hat er sie aufgenommen?

– Vor vielen Jahren.

– Wie alt warst du da?

– Acht oder zehn.

– Ein kleines Mädchen also.

– Hmm.

– Zeigen die Fotos dich in einer bestimmten Stellung?

– Ich liege im Bett.

– Was ist an den Fotos Besonderes, dass du darüber so unglücklich bist?

– Da ist einmal die Art, wie ich daliege ... (Pause)

– Und was noch?

– Ja ... und das, was vorher und nachher passiert ist.

– Daran erinnerst du dich?

– Hmm.

– Kannst du darüber sprechen?

– Manchmal ließ er mich danach einfach liegen ... (Pause)

– Was meinst du damit, dass er dich liegen ließ?

– Er ging weg.

– Und du wusstest dann nicht, was du tun solltest?

– Er hat mir gesagt, dass ich liegen bleiben soll, bis er mir erlaubt aufzustehen.

– Wo ist er hingegangen?

– Manchmal ist er weggegangen, manchmal nur ins Wohnzimmer.

– Und du hast dich nicht getraut aufzustehen?

– Nein, ich habe eigentlich nie versucht, mich ihm wirklich zu widersetzen. Wenn ich es versucht habe, wurde er sehr böse.

– Du sagst, dass er manchmal weggegangen ist, aber was hat er die anderen Male gemacht?

– Das war unterschiedlich.

– Zum Beispiel?

– Er hat das und jenes gemacht ...

– Mit deinem Körper?

– Hmm.

– Was glaubst du, warum er dir die Fotos zeigt?

– Um Macht über mich zu haben, um zu zeigen, dass er der Stärkere ist. Er hat mir diese Fotos immer wieder gezeigt, damit trifft er mich nämlich noch an einer schwachen Stelle; er braucht mir nur diese Fotos zeigen, und schon hat er mich in seiner Macht.

– Nehmen wir einmal an, du nimmst dir diese Fotos und zeigst sie jemandem. Sie sind ja ein Beweis, dass er dich missbraucht hat. Er kann doch nicht glauben, dass jemand annimmt, du hast freiwillig dabei mitgemacht?

– Das behauptet er aber.

– Aber das stimmt doch nicht, das darfst du doch nicht glauben, niemand wird so etwas glauben. Das redet er dir doch nur ein!

(Pause)

– ... ein paar Mal hat er gesagt, dass er mich für verdorben hält, weil ich mitgemacht habe.

– Heißt das, dass er dir einreden will, dass du dafür verantwortlich bist?

– Ja, zumindest teilweise.

– Glaubst du denn selbst, dass du verantwortlich bist?

– Nein, als Kind nicht, aber später hätte ich schon anders handeln können.

– Wie meinst du das?

– Also, wenn ich ein bisschen selbstständiger gewesen wäre und ... härter gewesen wäre, wäre es nicht so lange so gelaufen.

– Aber wer hat dich denn unterdrückt, dich gezwungen, sich ihm zu unterwerfen, wer hat dir gedroht, dich genötigt und dich kaputtgemacht ... Wer?

– Er.

– Und jetzt kommt er und versucht, seine Hände in Unschuld zu waschen und dir einzureden, alles sei deine Schuld. Was glaubst du eigentlich, warum er das macht?

– Natürlich um sich von der Verantwortung freizusprechen.

– Ja, denn er weiß sehr gut, dass er Scheiße gebaut hat. Er versucht, seine Probleme auf dich abzuwälzen, nachdem er dir erst so viel Leid zugefügt hat ... Er sollte sich schämen. Wirst du eigentlich nicht sauer auf ihn und sagst: Was zum Teufel bildest du dir eigentlich ein, du Schwein?

– Nein, ich bekomme Angst.

– Ja, und wegen dieser Angst brauchst du dringend Hilfe.

Telefongespräche reichen da nicht. Hast du früher schon mal mit jemandem darüber gesprochen?

– Nein, nie.

– Ich kann gut verstehen, dass es widerwärtig für dich ist, an all das zu denken, aber andererseits ist es passiert, und es ist wichtig, dass du darüber sprichst, damit wir, die wir dir zuhören, dich davon überzeugen können, dass die Schuld nicht bei dir liegt. Es ist fast nicht auszuhalten, dass ein Vater seinem Kind so viel Leid zufügen kann. Aber wir müssen versuchen, dir zu helfen, stark genug zu werden, ihm Widerstand entgegenzusetzen. Das, was er dir angetan hat, ist krankhaft.

– Ich weiß, aber er hat auch gute Seiten.

– Und die wären?

– Ich konnte mich immer auf ihn verlassen. Er war immer da, wenn meine Mutter ins Krankenhaus musste und ich ihn angerufen habe. Ich konnte mich in gewissem Sinn mehr auf ihn verlassen, als ich es jemals auf meine Mutter tun konnte. Bei ihr wusste ich nie, woher der Wind wehte.

– Ich möchte dich gern um seinen Namen und seine Adresse bitten. Ich verspreche dir, dass das zwischen uns bleibt, aber mir ist wichtig, dass er weiß, dass es Leute gibt, die seinen Namen kennen.

– Soll ich ihm sagen, dass ich dir seinen Namen und seine Adresse gegeben habe?

– Ja.

– Aber du zeigst ihn nicht an?

– Ich habe dir gesagt, dass ich nichts hinter deinem Rücken tun werde und dass ich nichts tun werde, was du nicht willst.

– Er heißt ...

– Und wo wohnt er?

– ...

Hör jetzt genau zu, was ich sage. Du hast begonnen, ihm die Macht über dich zu entziehen. Ihn damals bei der Polizei anzuzeigen war ein Schritt, mich anzurufen war ein weiterer Schritt, zu deinem Arzt zu gehen und psychologische Hilfe anzunehmen war wieder ein weiterer Schritt, und mir seinen Namen zu nennen ist noch ein weiterer Schritt in diese Richtung. Das ist schon sehr viel, du bist ein gutes Stück weitergekommen.

— Es tut weh, deine Briefe zu lesen.
— Dann lass es doch sein, du hast mich doch selbst aufgefordert, dir zu schreiben.
— Du magst nicht, dass jemand dir Mitgefühl entgegenbringt?
— Ich habe meine ganze Kindheit damit verbracht, mich selbst zu schützen, und niemand hat etwas erfahren. Vor einiger Zeit bin ich zu meinem Arzt gegangen, weil ich mit meiner Angst nicht mehr zurechtkam, wenn mein Vater auftauchte. Könnte ich diese Angst beherrschen, hätte ich viel mehr Kraft. Ich zeige mit meiner ganzen Körpersprache und mit jeder Faser meines Seins, dass ich die Unterlegene bin.
— Ich würde gern wissen, was dich dazu gebracht hat, von der Arbeit mit ihm nach Hause zu gehen.
— Es ist wahnsinnig schwer, die Macht, die er über mich hat, so zu beschreiben, dass andere das verstehen.
— Versuch's.
— Es ist fast so, als säße er mit einer Fernbedienung da und steuerte alles. Auch wenn ich genau weiß, was ich tun und

sagen sollte ... glaube ich nicht, dass ich es schaffen würde, das auch zu sagen. Er spielt ein Spiel mit mir, dessen Regeln er aufgestellt hat.

– Ja. ER hat die Regeln aufgestellt, das sollten wir unterstreichen und festhalten.

– Als meine Arbeitsablösung kam, sagte mein Vater: „Lass uns nach Hause gehen." Ich konnte ihn einfach nicht loswerden.

– Hättest du nicht weglaufen können?

– Das trau ich mich bei ihm nicht.

– Bist du denn nicht schneller als er? Das ist kein Vorwurf, sondern nur eine gute Idee, falls so etwas noch mal passiert.

– Ich wollte mein Fahrrad mitnehmen, aber das wollte er nicht; wir sind zusammen in seinem Auto gefahren. Ich gehorche ihm, sage nichts, er kann meine Angst ganz klar sehen. Ich habe Angst, aber ich bin auch ein bisschen wütend.

– Kannst du die Wut spüren?

– Ja, jetzt kann ich das besser als früher.

– Die guten Gefühle, die du für ihn empfindest ... du hast „lieber" am Ende deines Briefes geschrieben und ihm Hilfe angeboten – geht das nicht ein bisschen zu weit?

– Da bin ich gespalten, verdammt, ist das schwer! Die guten Gefühle sind noch immer da, aber jetzt überwiegt das Negative.

– Du hattest ihm doch schon auf den Anrufbeantworter gesprochen, als ihr im Auto saßt, oder? Hat er dich darauf angesprochen?

– Nein.

– Was hast du gemacht, als ihr im Auto saßt?

– Ich habe vor mich hin gestarrt, eigentlich war ich gar nicht da.

– Du hast ihn nichts gefragt, zum Beispiel ob er deine Mitteilung erhalten hat?

– Nein.

– Hör dir mal selbst zu. Du hast ihn zum ersten Mal – wenn auch nur auf Anrufbeantworter – aufgefordert, dich in Ruhe zu lassen, dabei war doch auch deine Wut im Spiel.

– Ja, das ist mir auch bewusster geworden.

– Wie oft kommt er zu deiner Wohnung?

– Das ist unterschiedlich, aber ein paar Mal in der Woche schon.

– Kannst du dich nicht weigern, ihm aufzumachen?

– Ich trau mich nicht. Wenn er in der Stimmung ist, weiß ich nie, was er als Nächstes tun wird. Ich wohne hier jetzt länger als ein Jahr, so lange habe ich noch nirgendwo gewohnt, und ich will nicht umziehen, ich mag das Gymnasium hier, und ich habe auch begriffen, dass ich vor ihm nicht weglaufen kann.

– Was empfindest du heute für ihn?

– Ich könnte schon ohne ihn auskommen, aber nicht ohne meine Mutter und meinen kleinen Bruder, und die besucht er ziemlich oft ... ich hatte übrigens Lust, ihm ein Messer in die Rippen zu stechen, das habe ich bestimmt auch geschrieben ...

– Das kann ich gut verstehen.

– Ich hätte es auch fast mal gemacht.

– Wann?

– Das war hier, Weihnachten 1995. Er hatte mich besucht, und wir machten den Abwasch. Ich trocknete ein großes Messer ab, ... da hätte ich es fast getan.

– Hat er dir an dem Tag wehgetan?

– Nein, er war sehr nett, aber die Möglichkeit, dass etwas passieren könnte, lag die ganze Zeit in der Luft. Er taucht oft an meiner Arbeitsstelle auf und quatscht mit meinen Kollegen. Die finden ihn alle nett. Wenn ich bloß nicht in dem Jahr, in dem er mit der anderen Frau zusammen war, ohne ihn gelebt hätte, dann ginge es mir heute bestimmt nicht so wie jetzt. Dann wäre alles einfach immer weitergelaufen.

– Hast du ihm erzählt, wie du dich fühlst, wenn er kommt?

– Nein, darüber sprechen wir nie. Ich sage nie etwas, das ihn wütend macht.

– Hast du ihm nie gesagt, dass du das, was er mit dir macht, nicht magst?

– Doch, einmal, da hat er mich dann geschlagen und gesagt, ich hätte das doch selbst so gewollt. Er weiß genau, dass ich ... dass ich ganz passiv bin.

– Was ist mit deiner Mutter? Du bist jetzt erwachsen, kannst du ihr nichts erzählen?

– Ich habe Angst vor ihrer Reaktion. Damit könnte ich nur schwer umgehen. Sie signalisiert ihre Ohnmacht, und die nützt mir nichts.

– Geht es dir schlecht, wenn sich jemand um dich kümmert?

– Ich kann schlecht damit umgehen, am liebsten möchte ich selbst mit allem fertig werden.

– Ich kann deine Wut schüren, dir anbieten, ihn anzurufen, ihm zu drohen.

– Das will ich lieber selbst versuchen.

– Versprichst du mir anzurufen, wenn er wieder bei dir auftaucht?

– Ja.

– Kannst du versuchen, nicht aufzumachen, wenn er klopft?

– Ja.

– Dann sag es mir!

(Pause)

– Also?

– Ich mache nicht auf.

Liebe Nanna,

es macht mich etwas nervös, dass ich dich aufgefordert habe, ihm zu schreiben und ihn anzurufen. Aber ich kann dich nicht in Ruhe lassen. Denn egal, was ich sage, du verhältst dich so, wie du dich immer verhalten hast: Du kehrst in die Rolle des Opfers zurück, in der du dich sicher fühlst. Dann spürst du deine Wut, die sich plötzlich gegen ihn richtet. Die Lust, ihn zu töten. Aber wenn du ihn umbringen willst, wozu brauchst du dann mich? Ist es nicht viel wichtiger für dich, ihm zu zeigen, dass du nicht seiner Macht unterliegst, und kannst du das, indem du ihn umbringst? Ich denke, das Gegenteil ist der Fall, denn damit zeigst du deine absolute Ohnmacht, deine Angst.

Brief vom 14.3.96

Warum bin ich so ein verdammter Schlappschwanz, warum habe ich nicht den Mut, ihn umzubringen? Dann wäre alles ausgestanden, ein für alle Mal, und es wäre ganz okay, wenn ich 16 Jahre eingelocht würde.

Da drinnen hätte ich Ruhe und Frieden.

Das einzig Schlechte dabei ist, dass auch mein kleiner Bruder darunter leiden würde. Wäre er erwachsen, käme er besser allein zurecht. Ach ist das jämmerlich, dass ich ihn als Entschuldigung für meine Feigheit benutze!

Was ist gestern Abend passiert?

Ich war auf der Arbeit und wollte abschließen. Gegen acht hatte ich ihn draußen stehen sehen. Er ist nicht reingekommen, aber ich konnte merken, dass er mich sah. Ich war den ganzen Abend über sehr nervös, aber dann sah ich ihn nicht mehr und war mir sicher, dass er gefahren sei.

Als Feierabend war, bat ich einen Kollegen, mich nach Hause zu bringen, was er auch gern machen wollte. Er hatte wohl gedacht, er könnte mit zu mir raufkommen, aber leider schickte ich ihn weg; er war ein bisschen sauer, als er fuhr.

Als ich die Treppe raufging, konnte ich hören, dass jemand kam, und ich wusste sofort, dass er es war. Ich konnte es an den Schritten hören. Ich schämte mich, dass ich einfach nur auf ihn wartete, wie ich es schon tausende von Malen getan habe. Als ich meine Tür aufschloss, stand er plötzlich hinter mir. Ich war so verwirrt, dass mir der Schlüssel aus der Hand fiel. Er sagte kein Wort, nahm lediglich den Schlüssel, schloss auf, schob mich rein und forderte mich auf, mich auszuziehen. Ich versuchte, ihm zu sagen, dass Schluss sei, aber davon wollte er nichts hören, und mehr konnte ich nicht tun.

Es dauerte lange, bis er fertig war, und danach zeigte er mir Fotos, die er gemacht hatte, als ich ungefähr zwölf war. Er erzählte, dass er sie an eine Zeitung verkauft habe, sodass jetzt alle wüssten, was für eine ich sei. Er sagte, er habe viele Abzüge von den Fotos gemacht. Er werde mir Abzüge dalassen, damit ich sehen könne, wie gut sie seien. Ich sah mir die Fotos an, sie waren widerlich. Ich konnte mich gut daran erinnern, wie er sie aufgenommen hatte. Es war während eines Krankenhausaufenthalts meiner Mutter, bei dem ich für mehrere Tage bei ihm war.

Er hat immer viele Fotos gemacht. Die ersten hat er gemacht, als ich noch klein war, und die letzten, als ich 12 oder 14 war. Er ließ sie in Deutschland entwickeln. Ein paar Mal musste ich dann das Päckchen öffnen; er hatte sich auch noch Videofilme, Fesseln und was er sonst noch so brauchte schicken lassen. In den meisten Filmen wurde Deutsch gesprochen, aber ich habe auch ein paar dänische gesehen, unter anderem einen mit einem dunkelhaarigen Mädchen und einem Jungen ungefähr in meinem Alter (acht bis neun Jahre). Ich kann mich vor allem noch an ihre Gesichter erinnern und daran, dass ich mich gewundert habe, dass auch ein Junge in dem Film mitspielte. Am schlimmsten fand ich es für die Kinder, dass wir uns das ansahen.

Bevor er ging, zeigte ich ihm einen Brief von der Psychologin, in dem sie mich zu einem Gespräch bestellt. Er wurde ziemlich blass und sagte, wenn ich etwas von dem, was passiert sei, erzählen würde, würde er mich ..., dann stockte er. Das machte mir genug Mut, ihm zu sagen, dass ich dir davon erzählt hätte und dass mein Arzt mich an die Psychologin überwiesen hätte und dass ich ihr alles erzählen würde. Dann schaffte ich noch, ihm zu sagen, dass jetzt Schluss sei und dass ich ihn nie wieder sehen wolle.

Ich habe verloren, aber ich glaube, ich habe auch einen kleinen Sieg errungen, als ich ihn endlich rausgeschmissen habe.

Alles geht hin und her. Ich habe verloren und gewonnen. Ich konnte nichts machen, und doch habe ich etwas gemacht. So wird es wohl immer sein, aber es ist etwas passiert, das die Situation verändert hat.

Das, was gestern geschehen ist, macht mir Angst. Ich blute stark, und ich habe Schmerzen.

Genau wie früher schon zweifle ich, ob ich diesen Brief abschicken soll. Es ist leichter, mit dir als mit dem Arzt zu sprechen, denn dir sitze ich nicht gegenüber, zu dir habe ich keinen Blickkontakt. Seit ich darüber schreibe und spreche, fühle ich mich schwächer als früher. Ich habe Angst loszulassen, denn vielleicht breche ich dann ganz zusammen, und ich habe nicht das Gefühl, mir das leisten zu können.

Durch die radikale Entziehungskur, die ich gemacht habe, um clean zu werden, bin ich stärker geworden, aber ich glaube nicht, dass ich so etwas noch mal schaffen würde.

In den letzten Tagen habe ich mich gefragt: Was ist, wenn er wieder kommt und ich gegen ihn verliere?

Jetzt muss ich mich entscheiden: Soll ich aufgeben?

Ich weiß es noch nicht, aber nichts zu tun ist sowieso irgendwie leichter.

Was zum Teufel mach ich jetzt?

Nanna

Du hast einen Sieg errungen! Herzlichen Glückwunsch! Du hast ihm den Brief von der Psychologin gezeigt, du hast ihn aufgefordert zu gehen. Aber findet da nicht ein Macht-kampf zwischen euch statt? Einmal zeigst du ihm die Zähne wie damals, als du ihn angezeigt hast, und dann ziehst du die Anzeige zurück? Einiges deutet darauf hin, dass er das so auffasst. Er kennt das Spiel und genießt seine Macht.

– Hat er sich noch mal gemeldet, seit du ihm geschrieben hast?

– Nein.

– Hast du mal überlegt, ihm zu sagen, wie viel du mir erzählt hast?

– Ja, ich habe ihm noch einen Brief geschrieben, aber ich habe ihn noch nicht abgeschickt.

– Warum nicht?

– Ich habe Angst vor seiner Reaktion.

– Wenn du nichts unternimmst, wird er das als Einverständnis seinem Verhalten gegenüber verstehen.

– Er weiß ganz genau, dass meine vielen Umzüge eine Flucht vor ihm waren.

– Ja, aber damit hast du deine Angst gezeigt, und deine Angst provoziert ihn. Deshalb musst du ihm jetzt etwas anderes zeigen, du musst ihm deinen Mut zeigen! Du musst die Zügel in die Hand nehmen, und deshalb ist es wichtig, dass du den Brief abschickst. Schreib ihm, dass du ihn nicht mehr sehen willst und dass du dich anderen anvertraut hast, und schreib ihm, dass du ihn anzeigen wirst, wenn er noch mal kommt.

– Ich habe meine Zweifel, dass ich so etwas auch tun würde.

– Was willst du sonst tun?

– Am meisten hoffe ich, dass ich lernen kann, mit meiner Angst umzugehen.

– Ich glaube nicht, dass du das kannst. Denk mal, wie viele Jahre das schon so geht ... und deine Angst? Ist sie kleiner geworden?

– Nein.

– Warum glaubst du, dass sie jetzt abnehmen wird, und warum glaubst du, dass du selbst etwas tun kannst?

– Ich weiß nicht, ob ich das glaube, ich hoffe es. Als ich ihn ein Jahr nicht gesehen habe, habe ich ein kleines bisschen daran geglaubt, aber als er dann wieder kam, konnte ich sehen ...

– ... dass deine Kraft nicht ausreicht. Sobald er auftaucht, ist deine Angst wieder da.

– Hmm.

– Deshalb musst DU ihn einschüchtern, hörst du! Ich kann ihn anrufen und ihm sagen, dass er dich in Ruhe lassen soll und dass ich weiß, was passiert ist.

– Aber ich weiß von früher, dass ich Schwierigkeiten habe, 100-prozentig zu etwas zu stehen, zu dem ich nicht auch die Vorarbeit geleistet habe. Ich lehne mich dann zurück und denke mir, gut, das wird dir jetzt abgenommen.

– Ich denke auch, dass es das Beste ist, wenn du die Dinge selbst in die Hand nimmst. Aber du hast solche Angst, dass ich befürchte, dass du gar nichts machst.

– Vielleicht, darüber habe ich diese Woche viel nachgedacht.

Zu diesem Zeitpunkt taucht ein böser Verdacht in mir auf. Will Nanna überhaupt, dass sich etwas ändert? Warum lässt sie mich nicht die Macht ausspielen, die darin liegt, einen Fremden bei ihm auftauchen zu lassen, dessen bloße Gegenwart für ihn schon bedrohlich ist und der ihn mit ein paar wohlgesetzten Worten warnt? Warum ruft sie nicht an, obwohl ich ihr meine Privatnummer gegeben und gesagt habe, dass sie Tag und Nacht anrufen kann, wenn er auftaucht? Was ist mit ihrer Identität? Um die Identität, um die ihre Altersgenossen in den wichtigen Pubertätsjahren gekämpft haben, ist sie von einem Mann mit seinem krankhaften Machtbedürfnis beraubt worden. Ist sie nun abhängig von dieser Macht? Vielleicht hat sie deshalb auch Recht, wenn sie sagt, dass sie es allein schaffen muss, dass niemand ihr helfen kann. Aber um sich aus der Macht des Vaters zu lösen, muss sie stärker werden. Kann sie diese Stärke entwickeln, wenn ihre bisherige Stärke darin lag, ein von Gewalt geprägtes Leben zu leben und alle Kraft dafür einzusetzen, andere aus diesem Leben rauszuhalten?

Brief vom 19.3.96

Liebe Tine,

vor ein paar Tagen habe ich Geburtstag gehabt und einen Brief von meinem Vater bekommen mit einem Scheck über 8.000 Kronen und einer kleinen Karte mit den Worten: Herzlichen Glückwunsch, bis bald.

Ich habe alles an ihn zurückgeschickt, aber nichts dazugeschrieben.

Scheiße, jetzt bin ich wieder an dem Punkt angelangt, wo ich mir fast wünsche, dass er kommt. Die Angst, dass er kommt, ist fast so schlimm wie das, was passiert, wenn er hier ist.

Was soll ich tun, wenn er wieder kommt?

Was ist, wenn ich ihn nicht dazu bringen kann, mich in Ruhe zu lassen?

In den letzten Tagen habe ich überlegt, ob ich endlich zur Polizei gehen soll, aber ich habe schon vor dem Gedanken

Angst und bin davon überzeugt, dass ich das nicht schaffe. Wenn das der einzige Ausweg ist, bin ich wohl noch nicht bereit, etwas zu ändern? Kann ich dann gar nichts mehr tun?

Ich weiß, dass das ein Hier-und-Jetzt-Gefühl ist und dass ich es bereuen werde, wenn ich aufgebe.

Im letzten Jahr sind alle drei, meine Mutter, mein Vater und mein Bruder, zu meinem Geburtstag gekommen; es war sehr schön, wir sind essen gegangen – fast wie eine richtige Familie. Dieses Jahr wollte meine Mutter nicht kommen, weil ich meinen Vater nicht sehen wollte. Sie konnte sich nicht aufraffen, allein hierher zu kommen. Mir tut ihre Zurückweisung weh, und ich bin sehr unglücklich darüber, dass sie nicht gekommen ist.

Vielleicht ist es dumm, dass ich anderen nichts erzähle. Aber ich möchte für die Zeit, die ich hier lebe, den Eindruck eines ganz normalen Menschen mit einem ganz normalen Leben ohne Probleme machen. Diese Illusion kann natürlich leicht zerstört werden.

Ich habe angefangen, etwas zu viel zu trinken, mehr als ich sollte. Das ist eine Flucht, von der ich oft Gebrauch gemacht habe. Sollte er kommen, ist es auch leichter, wenn ich etwas getrunken habe. Das habe ich schon als Kind gemacht. Damals mochte ich den Geschmack nicht, aber die Wirkung war gut.

Du hast einmal gesagt, dass meinen Eltern besser das Sorgerecht entzogen worden wäre. Meinst du das wirklich? Meine Mutter, die das Sorgerecht hatte, trifft ja keine Schuld. Ich habe als Kind einmal ziemlich vehement versucht, auf meine krankhafte Situation aufmerksam zu machen, aber das ist mir nicht gut bekommen.

Mein Vater hatte mir eine sehr schöne Puppe geschenkt.

Wir waren zusammen in einem Spielzeuggeschäft, und eigentlich wollte ich die Puppe gar nicht haben, sie war mir zu schön und zu niedlich. Ich widersprach ihm aber nicht, als er sich gerade für diese Puppe entschied und auch noch Puppenkleider für sie kaufte. Die folgenden Tage, die ich bei ihm verbrachte, waren nicht schön; er betonte immer wieder, wie schön die Puppe sei und dass er sich mir gegenüber anders verhalten würde, wenn ich auch so aussähe.

An dem Tag, an dem ich nach Hause zu meiner Mutter kam, nahm ich die Puppe mit in den Keller und zerschnitt sie mit einer Schere. Schließlich verbrannte ich ihre Reste, aber einige der Kisten, die im Keller standen, fingen Feuer. Ich war total fasziniert von dem Feuer und saß nur da und starrte in die Flammen. Glücklicherweise merkte der Hausmeister, was los war, und löschte das Feuer. Er gab mir eine Ohrfeige und brachte mich rauf zu meiner Mutter. Sie entschuldigte sich für mich und behauptete, dass ich versucht hätte, heimlich zu rauchen. Irgendjemand informierte auch die Sozialarbeiterin, aber ihr wurde das Gleiche gesagt. Sie fragte mich, was passiert sei, und ich sagte dasselbe wie meine Mutter.

Ich war ziemlich erschüttert über das, was geschehen war, aber auf eine unerklärliche Weise gab es mir auch ein herrliches Gefühl. Meine Mutter war noch lange Zeit ziemlich sauer auf mich.

Verflixt – es fehlt wirklich nicht viel, und ich will nichts mehr an der Situation ändern und alles so lassen, wie es ist. Ich versuche, mich davon zu überzeugen, „dass ich gerade total bescheuert bin", aber wenn ich jetzt auf der Stelle etwas tun sollte, würde ich die Verbindung zu dir abbrechen und meinen Arzt bitten, alles zu vergessen ... ich weiß einfach nicht mehr ein noch aus. Denn mir ist auch klar, dass ich es nicht aushalte, wenn es so weitergeht.

Ich finde es merkwürdig, dass ich als Kind mit dieser Situation leben konnte oder es zumindest getan habe und dass ich das jetzt nicht kann. Darüber muss ich immer wieder nachdenken.

Es ist doch eine Form von Schwäche, jetzt nicht mehr mit etwas umgehen zu können, womit ich bisher umgehen konnte.

Ich muss mir immer wieder sagen: ICH WILL – ICH KANN – ICH WERDE. Das muss mein Motto werden.

Auszug aus einem Radiogespräch vom 24.3.96

– Ich finde es imponierend, dass du das Geld zurückgeschickt hast. Hat er dir oft größere Beträge gegeben?
– Ja, alles, was ich hier in der Wohnung habe, die Möbel, der Fernseher, die Videoanlage, die Stereoanlage und der Computer sind von ihm.
– Was glaubst du, warum er dir so viel schenkt?
– Er will mir zeigen, dass ich ihm etwas bedeute. Natürlich will er mich damit auch von sich abhängig machen und sich ein besseres Gewissen erkaufen.
– Du hast deiner Mutter nicht widersprochen, als sie eine Entschuldigung für das Feuer im Keller erfunden hat. Habt ihr später noch mal darüber gesprochen? Über die Puppe?
– Nein, sie war nur sauer und lag ein paar Tage im Bett. Ich hatte Angst, dass sie ins Krankenhaus müsste und dass ich zu meinem Vater käme. Er hat übrigens auch nicht nach der Puppe gefragt.

– Was hast du damit gemeint: Verflixt – es fehlt wirklich nicht viel ...

– Ich meine nur, als Kind konnte ich damit leben. Das könnte ich jetzt doch auch.

– Heute hast du die Möglichkeit auszusteigen.

– Stimmt, die hatte ich damals nicht.

– Das ist der ausschlaggebende Unterschied. Du musstest bei einem Vater wohnen, der dich missbrauchte, und hattest eine Mutter, die mehr oder weniger nicht in der Lage war, für dich zu sorgen. Ein Kind, das noch nicht alles versteht, das nicht unterscheiden kann, wird sich immer für seine Eltern entscheiden. Heute bist du erwachsen und musst eine erwachsene Entscheidung treffen.

– Ich finde das deshalb so schwer, weil ich nicht weiß, was ich tun soll, wenn er wieder bei mir auftaucht.

– Wenn du die Tür abschließt und ihn nicht reinlässt, kann er dir auch nichts tun.

– Ja, aber wenn er draußen stehen bleibt?

– Na und?

– Ich sollte ihm wohl sagen, dass er abhauen soll und dass ich ihn nicht mehr sehen will.

– Empfindest du es nicht als provozierend, dass er dir 8.000 Kronen schickt, obwohl du ihn aufgefordert hast, dich in Ruhe zu lassen?

– Ich glaube, ich habe Angst, auf ihn wütend zu werden, weil ich nicht weiß, wie er darauf reagiert.

– Wie, reagiert? Er hat jetzt auch Angst vor dir, vergiss das nicht. Im Augenblick findet zwischen euch ein Machtkampf statt.

– Das war schon immer so. Er hat immer die Oberhand gehabt.

– Du musst dich daran gewöhnen, dass das jetzt anders ist.

Du hast angefangen, dich ihm zu widersetzen, das hast du früher nicht getan.

– Aber reicht das?

– Das ist ein Anfang, er ist doch jetzt einige Zeit nicht bei dir gewesen; ist es nicht bald einige Wochen her?

– Ja, und ich weiß, dass ich ihm sagen sollte, er soll abhauen, wenn er noch mal auftaucht, und dass ich es ihm so sagen sollte, dass er es versteht.

– Genau.

– Aber wenn wieder was passiert und ich nichts mache, habe ich verloren.

– Nein, das seh ich anders. Du bist auf dem Weg, und du darfst nicht verzweifeln, wenn etwas schief läuft, denn du kämpfst gegen mächtige Kräfte. Du darfst nicht vergessen, dass er dich kennt, dass er weiß, wie er dir Angst einjagen und deinen Widerstand brechen kann.

– Ja.

– Ich glaube, er will dich testen. Er weiß, dass du Angst hast, aber eines Tages wirst du ihn überzeugt haben, dass er nichts mehr ausrichten kann. Dieser Tag rückt immer näher. Der Mann ist krank, und an dem Tag, an dem du stark genug bist, ist er dir nicht mehr gewachsen.

– Das bezweifle ich.

Brief vom 25.3.96

Hei Tine,
mir ist durchaus klar, dass meine Handlungen oft von meiner Angst bestimmt werden. Durch meine Körpersprache strahle ich Angst aus. Ich schlage die Augen nieder und

kann einem Blick nicht standhalten. Ich versuche, mich zu schützen, indem ich die Arme vor der Brust verschränke, meine Hände sind feucht und ineinander verknotet. Ich habe schon probiert, anders aufzutreten, als er hier war, aber das hat lediglich dazu geführt, dass ich ihm gegenüber fast freundlich war, und das habe ich bestimmt nicht gewollt.

Montag kam meine Freundin. Sie hat vorgeschlagen, dass wir an einem Selbstverteidigungskurs teilnehmen. Der Vater von einem der Mädchen, mit denen wir Handball spielen, gibt Unterricht in Selbstverteidigung. Sie hat mit ihm gesprochen, und er hat uns erlaubt, mitten in einem Kurs anzufangen.

Wir sind sehr gespannt hingegangen, aber ich war auch nervös. Kurz nachdem wir uns aufgewärmt hatten, sollte es losgehen. Ich hatte so gehofft, dass ich nicht an die Reihe käme, aber natürlich kam ich dran. Ich war die Letzte und konnte einfach nicht, ich musste sagen, dass es mir nicht gut gehe und dass ich deshalb nicht mitmachen könne.

Am Ende, als die anderen weg waren, gingen meine Freundin und ich zu dem Lehrer und sprachen noch mal mit ihm. Ich habe ihm erzählt, dass ich einmal überfallen worden wäre und mich ständig bedroht fühlen würde und dass ich deshalb so heftig reagiert hätte. Er sagte, dass er das gut verstehen könne. Wir haben eine Abmachung getroffen, dass wir uns selbst aufwärmen und dann, eine halbe Stunde bevor die anderen eintreffen, Unterricht bekommen. Später meinte er, meine Freundin solle mit den anderen weitermachen, sodass ich die halbe Stunde für mich habe. Ich fühle mich immer noch unwohl dabei, aber das wird sich hoffentlich ändern, und dann WERDE ich auch mit den anderen zusammen trainieren.

Ich hoffe sehr, dass ich mich nach einer gewissen Zeit selbst verteidigen kann.

Ich hatte Angst, was der Lehrer machen würde und dass ich total zusammenbrechen würde. Ich spürte auch eine verborgene Wut in mir. Stell dir mal vor, ich raste aus und schlage ungehemmt auf ihn ein? Damit käme ich wirklich nur schwer zurecht. Andererseits würde ich das gern machen.

Ab und zu habe ich Angst davor zusammenzubrechen, denn wie soll es dann weitergehen?

Wenn mein Vater hier ist, empfinde ich nicht nur den Schmerz als Ekel erregend, sondern auch seine erniedrigende Behandlung. Außerdem tut er mir weh, da er sehr gewalttätig ist, und egal, woran ich denke, ich kann mich nicht entspannen.

Ich habe mich noch nie in meinem Leben so einsam gefühlt wie jetzt.

Früher empfand ich das Alleinsein als Erleichterung, denn so war niemand da, der mir Fragen stellen konnte. Ich möchte so gerne mit anderen zusammen sein, aber ich fühle mich einsam unter ihnen. Einsamkeit allein ist leichter zu ertragen.

Als ich in dem Fürsorgeheim war, habe ich einmal an einem Wochenende meine Mutter besucht. Mein Vater kam und holte mich und war sehr gewalttätig mir gegenüber. Ich kam, mit zwei blauen Augen und übel zugerichtet, in das Wohnheim zurück, und die anderen wollten wissen, was passiert war. Ich zog mich in mein Zimmer zurück und weigerte mich, etwas zu sagen.

Es war mir unangenehm, dass sie Fragen stellten. Aber jetzt wünsche ich mir fast, dass jemand Fragen stellt.

Ich habe auch das Gefühl, nicht mehr lange als diejenige,

„die mit allem zurechtkommt", vor den anderen bestehen zu können; die Fassade bröckelt bereits.

Ich bin also wieder bereit für einen Umzug. Aber ich scheine alt zu werden, denn ich mag einfach nicht mehr. Es kostet zu viel Energie.

Donnerstagnacht, 27.3.96

Nein, nein ... schon wieder.

Es tut so weh.

Was mache ich nur falsch, dass es so oft passiert? Was kann ich nur tun?

Warum hat es hinterher so wehgetan, was ist mit mir passiert? Ich wünschte, ich wäre tot.

Am meisten Angst machen mir meine Schmerzen. Ich kann fast nicht stehen, so stark blute ich.

Verdammt, ist das beschämend. Ich schäme mich auch, dir davon zu schreiben, und im Moment sehe ich es so, dass ich dir schreibe, den Brief aber nicht abschicken werde.

Zwischendurch dachte ich, er bringt mich um, und ich habe gehofft, dass er es tut. Sobald ich ihn sah, wusste ich, dass es passieren würde. Das ist so beschämend.

Auszug aus einem Radiogespräch vom 7.4.96

– Wie ist er reingekommen?

– Er hat mich von der Arbeit abgeholt.

– Woher wusste er, wann du freihattest?

54

– Ich weiß nicht, vielleicht hat es ihm ein Kollege gesagt.

– Hast du deine Kollegen nicht gebeten, ihm nicht zu sagen, wann du freihast?

– Nein, aber das sollte ich wohl.

– Es scheint, als ob du ihm immer noch ein Hintertürchen offen lässt, stimmt das?

– Ich hoffe nicht.

– Aber ich frage dich jetzt noch mal – stimmt das?

– Wahrscheinlich – seit ich nichts mehr zu ändern versuche.

– Ich denke, du solltest mir erlauben, ihn anzurufen und ihm zu sagen, dass es Konsequenzen haben wird, wenn er nicht aufhört. Er muss in die Enge getrieben werden.

– Ich habe Angst, dass mir alles entgleitet.

– Es hilft dir nicht, an deinen Gewohnheiten festzuhalten. Dabei kommt nichts heraus.

– Ich habe solche Angst zusammenzubrechen, das kann ich mir einfach nicht leisten.

– Sag mal, was meinst du damit eigentlich? Zusammenbrechen? Bist du nicht zusammengebrochen, als er dich kurz und klein geschlagen hat?

– Doch, aber ich meine, nicht mehr die Kraft zu haben, am nächsten Tag wieder auf die Beine zu kommen.

– Und was gibt dir jetzt die Kraft, wieder auf die Beine zu kommen, nachdem er dich so misshandelt hat?

– Das hat ein bisschen damit zu tun, dass ich eben nicht aufgebe ... mein Wille.

– Also damit, dass du ihm beweist, dass er dich nicht zerstören kann, selbst wenn er dich zu Brei schlägt. Bist du inzwischen Teil seines Spiels geworden?

– Ich weiß nicht, ich würde gern mit Nein antworten, aber zwischen uns spielt sich ein Machtkampf ab.

– Daraus musst du dich befreien. Wenn du einen Macht-kampf führen willst, um ihm zu beweisen, dass du mit seinen Demütigungen leben kannst, haben wir anderen da nichts zu suchen.

– Aber wenn er bei mir ist, ist das kein Machtkampf, da hat er 100-prozentig die Macht.

– Stimmt, aber du zeigst ihm hinterher, dass du wieder auf die Beine kommst – egal, was er mit dir macht, egal, wie brutal er dich schlägt.

– Ich ... ich habe nicht das Gefühl, dass ich ihm das zeigen will. Ich tue das meinetwegen – verdammt noch mal. Wenn ich mich nicht zusammennehme, habe ich Angst, total abzusacken und nie mehr auf die Beine zu kommen und nie mein Abitur zu schaffen.

– Ich weiß, was du meinst. Du weißt, was du hast, du bist daran gewöhnt, dich wieder aufzuraffen. Aber was ist das für ein Leben? Willst du deine Jugend damit verschwenden, mit einem Psychopathen zu kämpfen?

– Natürlich nicht ...

– Aber genau das tust du. Er ist ein Psychopath, ein absoluter Psychopath – dein Vater!

– Was soll ich denn machen?

– Du kannst wählen. Wie lange soll das denn noch so weitergehen?

– Ich will doch auch, dass sich was ändert ...

– Verdammt noch mal, dann zeig das auch. Zweimal hast du ihn reingelassen. Du darfst ihn nicht reinlassen, darum dreht es sich doch, verdammt noch mal! Verstehst du, was ich meine?

– Ja.

– Okay. Hör zu: Wenn er draußen steht, rufst du mich an, siehst du ihn in der Tür oder an der Haustür, lauf so schnell du kannst, und schließlich und endlich, sag an deinem Arbeitsplatz Bescheid, dass keiner ihm sagt, wann du Dienst hast.

– Ja, mir ist ja auch klar, dass ich mehr unternehmen muss.

– Das musst du, wenn es immer noch um unser ursprüngliches Ziel geht, ihn loszuwerden.

– Ja, geht es.

– Okay.

Brief vom 9.4.96

Hei Tine,

das war ein Telefongespräch letztes Mal. Zwischendurch wollte ich irgendwann den Hörer aufknallen. Ich fand, du warst ein bisschen zu hart, und ich glaube, du hast nicht in allen Punkten Recht. Ich habe viel darüber nachgedacht, ob ich nur nicht zugeben will, dass es so ist, wie du sagst, aber es ist anders.

Es ist mir egal, ob er weiß, wie ich damit zurechtkomme, aber es ist mir ungeheuer wichtig, dass ich weiß, dass ich wieder auf die Beine komme.

Ich wäre gern stark genug, um ihm in die Augen zu sehen und zu sagen: Verschwinde, und komm nie mehr in meine Nähe.

Du kannst nicht verstehen, warum ich nicht loszulassen wage. Ich glaube, es ist wichtig, dass ICH ihm verständlich mache, dass Schluss ist. Ich brauche das, um selbst daran zu glauben.

Mir ist klar geworden, dass ich es allein nicht schaffe, aber letztendlich bin ich es doch, die den Kampf führen und sich als die Stärkere erweisen muss. Ich will nicht überleben, um ihn zu zerstören, ich will für mich überleben.

Als ich die Entziehungskur gemacht habe und in die Familienfürsorge kam, habe ich erlebt, wie es ist, anderen die Verantwortung zu übertragen. Ich hatte nicht den kleinsten Funken Lebensmut. Die anderen konnten bestimmen, ob ich essen, schlafen sollte und so weiter. Sie haben die Verantwortung gern übernommen, nur mir hat das nicht geholfen. Vielleicht hatte ich auch keinen Lebensmut, weil es mir körperlich schlecht ging, aber ich glaube eher, es lag daran, dass ich nichts selbst machen musste. Ich war total passiv und habe mich mit allem abgefunden. Deshalb finde ich es nicht richtig, die Verantwortung von mir auf dich, den Arzt und die Psychologin zu übertragen. Ich möchte so gern, dass du mich verstehst, aber ich weiß nicht, ob ich mich richtig ausdrücken kann.

Es stimmt, dass der Kampf gegen ihn mich auch aufrecht hält, und ich weiß aus Erfahrung, dass ich an dem Tag, an dem er vorbei ist, zusätzlich zu dem Albtraum der letzten Jahre auch noch zusammenbrechen werde. Ich glaube aber, dass ich dadurch, dass ich diesen Kampf durchgestanden habe, auch stark genug sein werde, um nach einer kurzen Downphase mein Leben hier und jetzt wieder aufzunehmen. (Kampf ist nicht der richtige Ausdruck, aber ich weiß nicht, wie ich es sonst bezeichnen soll, und momentan kommt es mir zumindest teilweise wie ein Kampf vor.)

Ich brauche das Wissen, mich selbst vor ihm schützen zu können. Denn auch wenn ich ihn mit Hilfe der Polizei, mit Hilfe von Drohungen und Gefängnis et cetera jetzt auf Abstand halten kann, was ist, wenn er in ein paar Jahren wieder vor mir steht? Wenn ich dann weiß, dass ich selbst der Situation gewachsen bin, muss ich nicht mehr mit verschlossenen Türen und dauernden Blicken über die Schulter leben.

Ich habe meinen Kollegen gesagt, dass sie unter keinen Umständen meinem Vater oder sonstwem sagen sollen, wann ich arbeite. Und wenn sie jemand fragt, sollen sie sagen, dass sie nicht wissen, wo ich bin. Ihnen das zu sagen ist mir sehr schwer gefallen, aber im Nachhinein fühle ich mich erleichtert.

Nein, Tine, ich will den Kontakt zu meinem Vater nicht aufrecht halten. Ich WILL alles tun, um aus seinen Krallen zu entkommen, aber ich will auch leben können, wenn alles überstanden ist.

Ich freue mich, Sonntag wieder mit dir zu reden, aber der Gedanke daran macht mich auch ein bisschen nervös.

Nanna

Auszug aus einem Radiogespräch vom 14.4.96

– Es tut mir Leid, dass du das Gefühl hattest, ich sei zu hart zu dir gewesen.

– Du warst hart, aber ich glaube, das war gut so.

– Warst du hinterher sehr verzweifelt?

– Nein, eher aufgewühlt – ich habe mich gefragt, ob du Recht hast.

– Es kann gut sein, dass ich Unrecht habe, aber es ist wichtig, dass du von mir eine Rückmeldung bekommst, und ich denke, deine Briefe zeigen, dass dir klarer wird, warum es wichtig ist, dass DU einen Entschluss fasst und dass nicht ich oder die Polizei etwas unternehmen. Ich verstehe das und gebe dir Recht. Stark wirst du, indem du dich von ihm löst, und nicht, indem andere ihm drohen oder ihn einsperren. Aber ich habe Lust, mich einzumischen oder ihn niederzuschlagen.

– Das kann ich gut verstehen.

– Hat er sich noch mal bei dir gemeldet?

– Ja, er war gestern hier.

– Was heißt das?

– Ich habe Fenster geputzt, als ich ihn auf den Parkplatz fahren sah. Ich hatte die Tür abgeschlossen, sodass er nicht reinkommen konnte, und ich merkte, wie ich immer aufgeregter wurde. Die Tür zwischen uns gab mir natürlich Sicherheit.

– Wie lange blieb er da draußen?

– Er marschierte ungefähr eine halbe Stunde auf dem Parkplatz auf und ab.

– Hattest du ein Gefühl der Überlegenheit?

– Ja.

– Und du hast wie verrückt Fenster geputzt?

– Ich habe noch nie so gut Fenster geputzt. Ich hab weitergemacht, hab nicht aufgehört, weil er da draußen war. Ich habe ihn vollständig ignoriert.

– Ausgezeichnet!

Auszug aus einem Radiogespräch vom 21.4.96

– Letzte Woche war ich bei der Psychologin. Es ist ganz gut gelaufen. Sie war sehr vorsichtig, und vieles hab ich ihr auch nicht erzählt.

– Du kannst ja auch nicht alles auf einmal erzählen.

– Sie hat mir Fragen gestellt, aber ich habe nicht geantwortet. Ihr Angesicht zu Angesicht gegenüberzusitzen war schwerer, als ich erwartet hatte. Aber wir haben einen neuen Termin in 14 Tagen ausgemacht.

– Hat sich dein Vater gemeldet?

– Nein.

– Ist das nicht toll?

– Ja, aber auch etwas beängstigend. Am Tag nachdem er hier war, bin ich zeitig ins Bett gegangen und zwei Stunden später total deprimiert aufgewacht. Ich hatte einen Albtraum, ich wurde verfolgt und konnte nicht von der Stelle kommen. Da ist etwas, dem ich nicht entkommen kann, diesen Albtraum habe ich schon seit vielen Jahren. Ich habe versucht, an etwas anderes zu denken, aber das hat nicht funktioniert.

– Es funktioniert nicht, weil der Traum so schmerzhaft ist, mir kommt das total einleuchtend vor.

– Ich habe übrigens meinem kleinen Bruder erzählt, dass ich nichts mehr mit meinem Vater zu tun haben möchte. Ich glaube, er weiß etwas. Meine Mutter will im Augenblick nicht mit mir reden.

– Ich glaube, dass sie an einer schweren Schuld trägt.

– Vielleicht, wenn sie davon weiß.

– Das tut sie.

– Woher soll sie es denn wissen? Ich habe ihr nie irgendetwas erzählt.

– Sie weiß es. Sie hat deine Angst gesehen, hat gewusst, dass du ihn nicht sehen wolltest und dass du so oft umgezogen bist, um ihm den Kontakt zu dir zu erschweren.

– Ich glaube, sie hat mit sich selbst zu viel zu tun gehabt, um sich um mich zu kümmern.

– Das ist kein Grund, sie in Schutz zu nehmen.

– Sie hat es so gut gemacht, wie sie konnte.

– Ja, aber du hast dich trotzdem im Stich gelassen gefühlt,
und sie hat Augen und Ohren fest verschlossen.

– Sie will nichts hören.

– Was glaubst du, warum nicht?

– Weil sie nichts Schlechtes in ihm sehen kann und glaubt,
dass ich verdammt ungerecht bin.

– Darum geht es nicht. Was glaubst du, warum sie nichts
hören will?

– Ich glaube nicht, dass sie was weiß.

– Du hörst nicht zu, wonach ich dich frage.

– Ich glaube nicht, dass sie das aushielte. Sie will nichts
erfahren. Sie kann mich leichter entbehren als ihn, glaube
ich ... Vielleicht trau ich mich auch nicht, meiner Mutter zu
erzählen, was passiert ist, denn stell dir mal vor, sie sagt mir,
dass sie das alles weiß. Was zum Teufel soll ich dann
machen? Ich will mir nicht vorstellen, wie ich damit klar-
käme.

– Ich glaube aber, dass sie etwas weiß und dass dieses
Wissen auch euer Verhältnis zueinander bestimmt.

– Ja sicher, klar weiß sie, dass da etwas passiert ist. Aber
irgendwie wäre es noch unangenehmer, wenn sie es erfahren würde. Ich weiß nicht genau, was es ist, aber es hat damit
zu tun, dass sie mich nicht so besudelt sehen soll. Das muss
warten.

– Darf ich dich mal fragen – auch wenn das etwas merkwürdig klingt –, ob du deinen Vater vermisst?

– Nein, überhaupt nicht.

– Der Bruch ist also definitiv?

– Ja.

– Und du willst ihn auch nicht mehr sehen?

– Nee.

– Ich glaube, dass dieser Entschluss richtig ist, ich glaube, dass es dir schwer fallen wird, ihm überhaupt jemals zu vergeben.

– Er tut mir auch etwas Leid; ich weiß, dass das gefährlich ist, wenn er vor mir steht.

– Warum tut er dir Leid?

– Das hat damit zu tun, dass er nicht anders kann. Denn er kann doch nicht anders.

– Bist du diejenige, die Verständnis aufbringen soll?

– Nein, aber ich habe es trotzdem, und wenn ich Mitleid mit ihm empfinde, gebe ich diesem Gefühl leicht nach.

– Mir ist nicht klar, was dir Leid tut.

– Dass er nicht anders kann.

– Er kann ja Hilfe suchen wie du, du hast ihm sogar angeboten, ihm zu helfen, du hast ihn ermutigt, Hilfe zu suchen. Aber er will nicht!

– Ja, aber das ist doch auch schlimm für ihn. Ich glaube nicht, dass er glücklich darüber ist, was passiert ist und was jetzt ist.

– Tut er irgendetwas, um das zu ändern?

– Ich weiß nicht, aber ich bezweifle es.

– Ich könnte verstehen, dass er dir Leid tut, wenn er versuchen würde, sich zu ändern. Aber das tut er nicht. Er macht einfach weiter, und wenn er deine Tür aufbrechen könnte, würde er es tun.

– Es hat aber auch Zeiten gegeben, auch in meiner Kindheit, da ist nichts passiert, okay, nicht sehr lange, vielleicht eine Woche ... aber ich glaube wirklich, dass er da versucht hat ...

– Eine Woche?

– Ja, es hat nicht lange angehalten, aber ...

– Jetzt solltest du dich aber beherrschen!

– Er war sehr aufmerksam ... auch meiner Mutter gegenüber, hat ihr immer Blumen mitgebracht, und ich habe Geschenke bekommen.

– Warum hat er das gemacht?

– Ich möchte gern glauben, dass er ein schlechtes Gewissen hatte und es nicht anders zeigen konnte.

– Natürlich hat er ein schlechtes Gewissen gehabt, aber was hilft das, wenn er sich dir gegenüber weiter wie ein Schwein benimmt? Was ist Gewissen? Dass er dir so viel bezahlt hat, macht alles fast noch schlimmer. Er hat dich missbraucht, seit du ein kleines Mädchen warst. Er hätte viele Male aufhören können, das letzte Mal, als er eine Geliebte hatte, aber er hat nicht aufgehört, oder?

– Es ging ihm sehr schlecht, als mit seiner Freundin Schluss war, da hatte er nichts mehr unter Kontrolle.

– Und da solltest du drunter leiden?

– Nein, mir ist schon klar, dass ich ihn zu verteidigen suche.

– Ist das vernünftig?

– Nein, ich weiß ja, dass es das nicht ist.

– Es ist wichtig, dass du dich fragst: Warum verteidige ich meinen Vater die ganze Zeit, warum verteidige ich den Menschen, der mir so viel Böses zugefügt hat?

– Ich habe sehr gemischte Gefühle ihm gegenüber. Er war andererseits auch der Einzige, auf den ich mich verlassen konnte, zum Beispiel wenn ich krank war. Unser Verhältnis war nicht nur negativ.

– Stimmt, aber was nützt dir das heute? Das ist ein typisch weiblicher Gedankengang, dass es schade ist um ... Verdammt, ich werde krank, wenn ich das höre. Du musst dich von diesem Schuldkomplex befreien, sonst wirst du nie frei.

– Du hast bestimmt Recht, aber das sitzt tief in mir drin.

– Das war kein Vorwurf, nur ganz gewöhnlicher Ärger, sorry.

Der Mut hinzusehen

Hei Tine,
es ist unglaublich schwer, die Macht zu erklären, die er über
mich hat. Aber es ist noch schwerer zu verstehen, was da
alles passiert, wenn man nie selbst unter dem Machtbedürfnis eines anderen Menschen gelitten hat.
Ich will versuchen, es zu erklären.
Wenn ich etwas sehe, höre oder wenn mich sonst etwas an
ihn erinnert, lasse ich einen Teil von mir außen vor. Der
Teil, der außen vor bleibt, ist der, der Schmerz empfindet,
wütend wird ..., der, der Gefühle zeigt. Das ist wichtig, denn
es kann gefährlich sein zu weinen oder wütend zu werden.
Diese Haltung kostet mich mehr, als den Dingen ihren Lauf
zu lassen. (Nennt man diesen Teil nicht das „Ich"? Jedenfalls werde ich es jetzt so nennen.)
Das „Ich" ist auch der Teil, der mir nach einer Downphase
hilft, wieder auf die Beine zu kommen. Das „Ich" ist so
überlebenswichtig, dass ich aufpassen muss, dass es keinen
Schaden erleidet. Es ist auch der Teil, in dem die Lebenslust
sitzt. Ich werde sozusagen eine andere, wenn er in der Nähe
ist, oder ich bin nur ein Teil von mir.
Das „Ich" geht auf Reisen, wenn er hier ist. Das sieht so
aus, dass ich an etwas anderes denke, während es passiert,

oder dass ich so wenig wie möglich denke. Ich versuche immer, mir einen stillen, friedlichen Ort vorzustellen, an dem es keine Menschen gibt. Ich habe meine eigene kleine private Fantasie-Insel, auf die ich das „Ich" schicke, wenn er da ist, damit es keinen Schaden nimmt.

Da das „Ich", das sonst in kritischen Situationen die Kontrolle übernimmt, nicht da ist, kann er so leicht Macht über mich bekommen und anstelle des Ich die Kontrolle übernehmen. Ich schreibe, als sei das „Ich" eine andere Person. Wenn er oft hier war, ist es auch einem Hund vergleichbar, den ich wegschicken kann.

Er übernimmt auch die Kontrolle, weil er so viel Schaden anrichten kann und weil er weiß, was er tun und machen muss, damit ich keinen Widerstand leiste. Er hat mich in so demütigenden Situationen gesehen, dass ich in seiner Gegenwart eine andere bin.

Wahrscheinlich wirst du nicht recht klug aus dem, was ich geschrieben habe. Ich kann das einfach niemandem erklären. Meine Angst vor ihm gibt ihm seine Macht über mich.

Ich pendele hin und her zwischen:

Ich will – ich komme damit zurecht.

Ich will – aber kann ich auch?

Ich möchte – aber ich traue mich nicht.

Was soll ich machen, wenn er plötzlich wieder auftaucht? Dann muss ich wohl die Polizei anrufen? (Uff!)

Ich muss darüber schreiben, aber es ist so schwer.

Oft, wenn er hier war, habe ich Angst gehabt, dass ernsthaft etwas passiert ist. Er nimmt keine Rücksicht, und letztendlich stünde ich dann mit den Problemen da.

Seit ein paar Monaten habe ich keine Menstruation mehr, nur einmal ein paar leichte Blutungen, nachdem er mich in den Magen getreten hatte.

Seitdem er wieder kommt (nach dem Bruch mit seiner Geliebten), habe ich Angst, dass etwas total schief läuft, und natürlich bekomme ich durch meine Angst keine Periode. Ich weiß, dass man keine Periode bekommt, wenn man fest glaubt, schwanger zu sein.

Ich weiß genau, was ich tun sollte, aber, aber, aber ...

Ich habe Angst vor der Antwort, und ich kann das Ganze nicht übersehen. Irgendwo hoffe ich ein ganz kleines bisschen, dass er kommt und so gewalttätig wird, dass sich alles von selbst erledigt. Es ist mir schon klar, dass es dumm ist, das zu hoffen, aber es wäre eine einfache Lösung. Wenn ich mir diesen Gedanken etwas genauer ansehe, kann ich ihm nicht recht folgen, aber er spukt in meinem Kopf herum.

Scheiße, Scheiße! Ich weiß, ich sollte das nicht schreiben, aber ich glaube nicht, dass ich es überlebe, wenn das stimmt. Dann ist einfach alles kaputt. Ich darf nicht daran denken. In der letzten Zeit sehe ich überhaupt keinen Ausweg mehr. Ich will von jedem Schritt die Konsequenzen wissen.

Was kommt danach? Was, wenn ..., und wenn etwas passiert, und so weiter. Ich stelle mir hunderte von Fragen, auf die ich eine Antwort suche, auf die aber niemand antworten kann.

Ich konnte bisher nicht mit dir darüber sprechen, und ich bin mir nicht sicher, ob ich es bei unserem nächsten Gespräch kann, aber es ist eine große Erleichterung, das jetzt aufzuschreiben.

Nanna

Einige Tage später fuhr ich nach China. Ich hatte vorher keinen Kontakt mehr zu Nanna und beschloss, sie und ihre Probleme hinter mir zu lassen, als das schwer beladene Flugzeug durch die Wolken aufstieg und uns durch den Raum trug, bis wir zehn Stunden später in Beijing landeten und uns in einer anderen Welt befanden. In China setzen die armen Bauern neugeborene Mädchen an Orten aus, an denen niemand sie hört. Vielleicht hoffen sie, dass sie so weniger Schmerzen erleiden, als wenn sie leben würden. Vielleicht werden sie verrückt darüber. Wenn man sieht, wie die Eltern das eine Kind, das sie haben dürfen, verwöhnen, küssen und wie sie mit ihm spielen, kann man nicht verstehen, was ein Mensch alles aushalten kann.

3.5.96

Hei Tine,
hoffentlich hast du schöne Ferien gehabt. Das ist bestimmt ein sehr interessantes Land, um Ferien zu machen, da alles so fremdartig ist. Natürlich ist es sehr teuer, und 14 Tage sind eigentlich zu kurz, um auch nur einen kleinen Teil dieses großen Landes zu sehen, oder?
Was das Wetter betrifft, hast du hier zu Hause nichts verpasst. Es war windig und furchtbar kalt, sodass man hätte glauben können, es sei Herbst. Irgendwann muss es doch warm werden.
Jetzt war ich zweimal bei der Psychologin. Natürlich müssen wir uns erst einmal kennen lernen, aber dazu haben wir nicht so viel Zeit, da mir nur fünf Stunden bewilligt worden

sind. Sie meint, dass sie noch weitere Stunden durchsetzen kann. Sie ist sehr nett, aber mir betont sie ein bisschen zu sehr, „wie furchtbar das alles ist" und „wie er mir nur so etwas antun konnte". Ich ziehe mich zurück, wenn sie so reagiert, und mag ihr nichts von den wirklich schlimmen Sachen erzählen, die vorgefallen sind und von denen mir immer noch schlecht wird, wenn ich daran denke; ich traue mich aber auch nicht, darüber zu reden. Ich erwarte wohl auch zu viel von ihr und rechne damit, dass sie eine Antwort parat hat, was ich machen kann, damit alle meine Probleme gelöst sind.

Es kann gut sein, dass ich in euren Augen unschuldig bin. Aber ich war da, als es passierte. Es ist gut möglich, dass das, was passiert ist, abstoßend und ekelhaft ist, aber auch wenn ich immer nur unter Zwang mitgemacht habe, habe ich mitgemacht.

In meinen Augen ist es auch unmoralisch, aber die Hälfte des Unmoralischen ging von mir aus.

Wenn andere über das, was passiert ist, entrüstet sind, sind sie auch über mich entrüstet. Wenn sie das, was passiert ist, verurteilen, verurteilen sie auch mich. Ich kann das Geschehene nicht aufteilen. Momentan muss ich akzeptieren, dass es so war. Vielleicht führt das zu nichts, aber zuzugeben, dass es so war, gibt mir etwas mehr Luft.

Die Psychologin versucht beharrlich, mich davon zu überzeugen, dass das so nicht stimmt, aber sie schafft es nicht.

Langsam habe ich das Gefühl, immer kleiner zu werden. Als ich mich auf diese Sache eingelassen habe, war mir klar, dass ich stark werden muss und dass das seine Zeit braucht. Ich war sehr geduldig und konnte mir die Zeit geben, die ich brauchte. Es gab nichts, das ich erreichen musste, und ich war mit den kleinen Fortschritten zufrieden, die ich machte.

Ich sehe es so, als stünde ich in einem Kreis, den ich nach und nach vergrößere und um den ich viele andere Kreise ziehe. Dann taucht er wieder auf, und meine Kreise werden kleiner und weniger. In meiner momentanen Stimmung mag ich diese gewaltige Arbeit einfach nicht mehr auf mich nehmen.

Verglichen mit heute muss ich mir eingestehen, dass das Leben als Junkie besser war, und ich muss leider auch zugeben, dass ich dieses Leben vermisse. Da hatte ich andere Probleme und dachte auch nicht so viel darüber nach, was passierte. Ich ließ den Dingen ihren Lauf, und wenn es überstanden war, war es auch aus meinem Gedächtnis gestrichen.

Ich war immer von Leuten mit gleichen Interessen umgeben, und die Gespräche drehten sich immer um das, was uns am meisten interessierte, um Stoff.

Jetzt habe ich das Gefühl, gegen einen Sturm zu kämpfen und ihn mit bloßen Fäusten stoppen zu wollen. Ich halte es für ziemlich naiv weiterzumachen.

Die Psychologin hat gesagt, dass mich das Geschehene zu einer zerstörten Persönlichkeit gemacht hat, und wozu soll ich kämpfen, wenn alles von vornherein zerstört ist? (Ich hätte sie fragen sollen, was sie damit gemeint hat.)

Ich wünschte, ich könnte heute, an meinem ersten Menstruationstag (!), einen Strandspaziergang machen und an gar nichts denken. Keine massive Bedrohung und niemand, der mich kennt.

Unter anderem hatte ich nicht den Mut, der Psychologin zu erzählen, wie mein Vater zum ersten Mal einen Vibrator an mir ausprobiert hat. Er wollte unbedingt wissen, wie so etwas funktioniert. Wir waren im Schlafzimmer und hatten nichts an. Er hatte viel getrunken, und irgendwann schlief er ein. Ich lag immer noch mit dem Vibrator da. Auf dem Nachttisch stand eine Flasche Wodka, und ich trank den Rest aus. Das war offenbar mehr, als ich vertragen konnte, denn mir wurde schlecht, und ich musste mich im Schlaf übergeben.

Ich wachte davon auf, dass er auf mich einschlug und total außer sich war. Er wollte mich zwingen, das Erbrochene zu essen, mit dem Resultat, dass ich mich erneut übergeben musste. Er konnte gut sehen, dass er zu viel verlangte. Aber stattdessen stellte er den Vibrator höher ein und band mir einen Gürtel um, an dem er den Apparat mit einer Schnur festband, damit er nicht rausrutschen konnte. Ich musste selbst sauber machen. Danach schlug er mich (ich erinnere mich, dass es viele Schläge waren) mit einem Ledergürtel auf den Hintern, und bei jedem Schlag musste ich wiederholen, dass ich sehr froh sei, von ihm erzogen zu werden, und dass ich ihn liebte.

Den ganzen Tag lief ich mit dem Vibrator herum und wurde ein paar Mal ohnmächtig. Ich weiß nicht, was passierte, aber irgendwann wachte ich auf und lag auf dem Sofa, und er saß neben mir und betupfte mich mit einem nassen Tuch, während er weinte und sagte, es täte ihm Leid, falls er zu hart zu mir gewesen sei.

Noch mehrere Tage danach konnte ich nicht gehen und war einer Ohnmacht nah, wenn ich es versuchte.

Weil meine Mutter im Krankenhaus war, musste ich bei ihm wohnen. Ich habe lange in der Schule gefehlt. In dieser Zeit war er sehr lieb zu mir und tat alles, dass es mir gut ging. Er trug mich aufs Klo, badete mich warm, ohne mich zu berühren, und kam mehrere Male von der Arbeit nach Hause, um zu sehen, wie es mir ging.

Wenn ich an solche Episoden denke, fallen mir schnell auch die guten Dinge ein, die nach seinen Übergriffen passiert sind.

Ich wünschte, ich könnte Hass gegen ihn entwickeln, aber stattdessen fühle ich eine gewisse Form von Beschützerdrang, Sorge, „Abhängigkeit" und Mitleid. Wenn ich mir selbst zuhöre, ändert sich das vielleicht.

Der Gedanke, ihn umzubringen, gefällt mir. Ich bin gern bereit, mich mit einer längerfristigen Gefängnisstrafe abzufinden, wenn ich nur in einem Bett liegen kann, ohne gestört zu werden. Momentan bin ich so müde, ich könnte gut zwölf Stunden am Tag schlafen. Wenn das so weitergeht, bin ich in drei Jahren reif für ein Pflegeheim!

Brächte ich ihn um, wäre der ganze Stress ein für alle Mal vorbei.

Du sagst, dass ich dann der Verlierer sei – vielleicht will ich der Gewinner sein, niemand kann diese Frage beantworten.

Es wäre so verflixt einfach, ihm zehn- oder zwanzigmal ein Messer in die Rippen zu stechen. Ich hätte keine Bedenken, ich brächte es fertig.

Es ist mehr der Schmerz, den ich meinem Bruder zufügen würde, der mich davon abhält.

Mein Kuschelelefant

Einmal habe ich mein Kuscheltier erwähnt, meinen Elefanten, und du hast mir Fragen gestellt.

Da gibt es nicht viel zu erzählen. Als ich in den Kindergarten ging, habe ich ihn immer hinter mir hergeschleppt.

Wenn bei meinem Vater irgendetwas passiert war, war ich

einerseits froh, ihn bei mir zu haben, und andererseits traurig, weil er es „gesehen" hatte.

Einmal fing ich an zu weinen, weil er genau neben mir lag; mein Vater wurde natürlich sauer und verbannte mich in den Keller. Ich nahm auch meinen Elefanten mit und versteckte ihn unten. Er sollte nicht alles sehen und miterleben. Mehrmals habe ich ihn auch in meinem Bett versteckt, weil dort nie etwas passierte, und wenn ich dann in mein Bett zurückkam, war er da. Ich kann mich an nichts Besonderes erinnern. Er war viele Jahre einfach nur da. Er schien nahezu an meiner Hand zu kleben.

Ich weiß nicht mehr genau, wie ich ihn verloren habe, aber ich glaube, wir haben ihn eines Abends in einer Kneipe vergessen. Das war, bevor ich in die Schule kam.

Er hat mich schon missbraucht, bevor ich mein Kuscheltier verloren habe.

Meine Mutter hat den Elefanten später als schmutzig und abstoßend bezeichnet, was er sicher auch war, aber ich erinnere mich an ihn als ... süß.

8.5.96

Vor einigen Tagen habe ich angefangen zu bluten. Nicht viel, und es hat auch schon wieder aufgehört, aber die Angst – die ist weg.

Nanna

10.5.96

Liebe Nanna,

diesen Brief habe ich direkt, als ich nach Hause kam, geschrieben, als mein Kopf noch voll war von chinesischen Kindern und den schönsten Frauen, die ich je gesehen habe. Ich schicke ihn nicht ab, du kannst ihn irgendwann später lesen. Wenn ich mit dir spreche, passe ich genau auf, was ich sage, denn du wiegst jedes meiner Worte auf einer Goldwaage, und wenn es dir zu viel wird, scheuchst du mich weg wie eine Fliege. Irritiert und abweisend.

Ich kann verstehen, dass dich die Entrüstung der Psychologin befremdet, aber sie reagiert nicht anders als die meisten Menschen in einer entsprechenden Situation. Es ist unerträglich, von Kindesmisshandlungen durch Erwachsene zu hören. Aber dich kränkt so eine Reaktion, weil du dich abgestempelt und entwürdigt fühlst. Auf der anderen Seite ist die Psychologin aber kein Roboter, und du bist nicht nur ihre Klientin. Nimm ihre Reaktion als Ausdruck ihrer Wut, als Ausdruck der gleichen Wut, die ich auch empfinde, wenn du von dem, was passiert ist, erzählst und schreibst.

Du darfst nicht glauben, dass ich mir wie ein moderner Robin Hood vorkomme oder dass ich generell meine Wertmaßstäbe für besser als die der anderen halte, aber trotzdem unterliege auch ich dem Irrtum zu glauben, dass das, was gut für mich ist, auch gut für alle anderen ist. Das ist ein gefährlicher Gedanke, und die meisten im Sozial- und Gesundheitsbereich Tätigen kennen dieses Phänomen. Einige entdecken es jedoch nie, und sie werden die schlechtesten Therapeuten und Sozialarbeiter der Welt.

Ich persönlich bin gerade in diesem Umfeld so sensibel,

dass ich geneigt bin, ins andere Extrem zu verfallen – alles kann passieren, und keiner kann beurteilen, ob es gut oder schlecht ist. Jedenfalls kann keiner sich den Glauben leisten, es besser zu wissen oder überhaupt im Stand zu sein, anderen zu helfen. Und das ist natürlich Unsinn.

Du hast mich gelehrt, dass es, unangesehen was uns passiert, auf unsere Überlebensfähigkeit ankommt, auf unseren Lebenswillen. Wenn du den nicht hättest, hätte ich wohl kaum von dir gehört.

In vieler Beziehung bringst du mich zu dem Glauben, dass auch dein Leben wertvoll war. Dass dein Vater dir etwas gegeben hat, das du nicht missen möchtest.

Es ist mir immer schwer gefallen, Inzest mit Kindern zu akzeptieren, und noch bis vor ein paar Jahren war ich dafür, so etwas hart zu bestrafen.

Du hast etwas sehr Zentrales angesprochen: Indem ich Abstand nehme zu dem, was dein Vater dir angetan hat, nehme ich auch Abstand zu dir. Du musst mit der Erfahrung leben, dabei gewesen und somit auch verantwortlich zu sein. Deshalb ist es schwer, wenn andere, und im Augenblick jetzt ich, von dem Geschehenen Abstand nehmen. Du bist entrüstet, wenn wir dich als Opfer sehen. Du fühlst dich nicht als Opfer, und das akzeptiere ich. Ich würde es auch hassen, wenn mir Mitleid entgegengebracht oder wenn ich als Opfer betrachtet würde. Auch wenn ich mich in meinem Innersten verletzt fühle, ist das Gefühl des Wertes das Letzte, das ein Mensch zu verlieren erträgt.

Ich bin felsenfest davon überzeugt, dass wir Menschen uns von unserer besten und angenehmsten Seite geben, wenn wir in Gemeinschaft sind – in der Familie, in einer Freundschaft, in einer Arbeitsgemeinschaft –, und in diesen Gemeinschaften sollten wir auch Unterstützung suchen können, wenn wir in Not sind.

Wenn ich leben und mit mir auskommen will, muss ich mich selbst ernst nehmen und daran glauben, dass ich mich für das, was mir wichtig ist, einsetze. Jeder Mensch braucht das Gefühl, nützlich und wichtig zu sein. Ebenso wichtig ist es jedoch, seinen eigenen Abgründen in die Augen zu sehen.

Einige glauben, dass Sozialarbeiter, Ärzte, Priester und Psychologen mit besonderen menschlichen Qualitäten ausgestattet sind. Oft glauben diese Menschen das sogar selbst, aber wir nähern uns wohl eher der Wahrheit, wenn wir behaupten, dass gerade diese „Seelenfischer" Gegensätze in sich tragen und oft wilde Träume und direkte Albträume haben und dass mit ihnen im Privatleben nur sehr schwer umzugehen ist. Ihre Verletzbarkeit ist extrem und ihre Eitelkeit stark ausgeprägt.

Oft enden wir als offensichtliche Heuchler oder Zyniker.

Ich will damit nur sagen, dass mir viele schmutzige Gedanken gekommen sind, während wir miteinander gesprochen haben.

Wenn meine Stimme brach oder wenn ich mich hart gemacht habe, um nicht alles zu hören, habe ich daran gedacht, den Nachtzug zu der Stadt zu nehmen, in der dein Vater wohnt. Was ich mit ihm gemacht hätte? Wärst du meine Tochter, hätte ich ihn kaltblütig umgebracht, oder? Wenn ich jedoch einsam und schwach wäre wie deine Mutter, wäre ich dann nicht auch in die Geisteskrankheit geflüchtet und hätte mich in ein warmes Krankenhausbett mit neutralem und nettem Pflegepersonal einweisen lassen? Hätte ich nicht auch meine Augen verschlossen, um den Schmerz und die Angst meines Kindes nicht sehen zu müssen? Es fällt mir schwer, das zu glauben, aber so hätte es sein können.

Du hast mir am überzeugendsten klargemacht, dass Inzest nichts mit Rechtswissenschaft, Gerechtigkeit oder Strafe zu tun hat. Deine Verteidigung eines Mannes, der ein Kind misshandelt hat, ist die gleiche wie die der Frau, die zu ihrem Mann, der sie eingeschüchtert und geschlagen hat, zurückkehrt und die nicht auszusprechen wagt, dass sie auch in ihrer Rolle als Opfer von diesem Mann abhängig ist. Vielleicht hat er sie ja einmal wie eine Frau behandelt, die geliebt wird, vielleicht hat er ihr einmal das Gefühl gegeben, geschätzt zu sein.

In der letzten Zeit habe ich öfters an den Roum-Fall denken müssen. Kannst du dich an die Geschichte der beiden Kinder erinnern, die sowohl von der Familie als auch von Freunden der Familie missbraucht worden sind? Erst wurden die Erwachsenen verurteilt, dann äußerten Experten Zweifel an dem Urteil, der Fall wurde erneut aufgenommen, und die meisten Beteiligten wurden freigesprochen. Zurück blieben zwei Kinder und ihr Psychologe als die eigentlichen Verbrecher in diesem Fall. Ich bin mit meinen Gedanken oft bei den beiden Kindern gewesen, denen man nicht geglaubt hat und deren Mutter als stärkste Zeugin vor dem Fernsehen ihre Ohnmacht offenbarte. Der Interviewer fragte sie, ob sie auch ein Inzestopfer sei. Sie verweigerte die Antwort auf diese Frage, und wir sahen den dunkelsten und einsamsten Blick, der jemals im dänischen Fernsehen zu sehen war.

Ich habe dich schon mehrmals nach deiner Schwangerschaft fragen wollen. Soweit ich mich erinnere, hattest du eine Fehlgeburt, wolltest aber nicht darüber reden. Unantastbarkeitszonen. Ich habe die Grenze überschritten, du bist sauer und böse geworden, aber ich habe nie insistiert, wenn du nicht antworten wolltest. Als wir neulich miteinander sprachen, hast du erzählt, dass du die Pille genommen hast, seit du 15 warst. Du hast nie mit deinem Vater darüber gesprochen.

Als du zum ersten Mal angerufen hast, habe ich gedacht, dass ich einen vernünftigen Psychologen auftreiben werde, der dir helfen und dich beruhigen kann. Aber es hat sich anders entwickelt, ich bin drangeblieben und begann, mich darauf zu freuen, dich wieder zu „treffen". Das Telefon ist ein erstaunliches Gerät – genau wie das Radio. Und beide zusammen können Wunder vollbringen. Wenn ich dich nicht sehe, stelle ich mir deinen Gesichtsausdruck vor, ich lerne jede Nuance deiner Stimme kennen, ich lese aus deinen Atemzügen und weiß, wann ich zu weit gehe. Auf die eine oder andere Weise bist du mir unendlich nah und fern zugleich. Ich halte es kaum aus, wenn du überhaupt nichts sagen willst. Das, was du erzählst, ist fast immer wichtig.

Ich habe noch mal überlegt, ob ich den Brief an dich abschicken soll, aber ich habe gerade deinen Brief bekommen und werde dich stattdessen am kommenden Sonntag anrufen.

Auszug aus einem Radiogespräch vom 12.5.96

– Danke für deinen Brief, ich musste weinen, als ich ihn las. Ich habe dir auch etwas geschrieben, aber das bekommst du erst später.

Ich wünschte, du könntest der Psychologin zeigen, was du

geschrieben hast. Vielleicht ist das leichter, als darüber zu sprechen.

– Ich habe das Gefühl, dass sie sich distanziert; ich mag ihr nichts erzählen.

– Gib ihr eine Chance, das ist ganz wichtig; du könntest ihr vielleicht erzählen, dass du nicht gut fandest, wie sie ihrer Entrüstung Ausdruck verliehen hat. Aber ihre Reaktion ist menschlich, verständlich.

– Ich kann kein Ende sehen. Wann hört das auf? Vor ein paar Tagen war er hier, aber ich habe nicht aufgemacht ...

– Super! Ist es dir ernst damit, dass du ihn umbringen willst?

– Manchmal denke ich ernsthaft daran, aber ich mach das nicht.

– Was machst du zur Zeit?

– Ich versuche, das Gleiche zu tun wie immer, in die Schule zu gehen, meine Arbeit zu tun, zu lernen. Ich bin sehr müde und angespannt, ich muss immer daran denken, die Tür abzuschließen und aufzupassen. Ich habe Paranoia, sehe ihn überall, Dinge kommen hoch, die ich verdrängt hatte. Zum Beispiel wie sein Gesicht sich veränderte, sobald er nach mir schlug oder trat, das war extrem. Manchmal hatte ich Angst zu sterben. Es kostet mich viel Energie, an diese Dinge zu denken, vielleicht weil ich Angst habe, dass er irgendwann kommt und das Haus hier in Brand steckt oder die Tür eintritt. Deshalb habe ich auch ein bisschen zu viel getrunken.

– Wie lange ist er nicht mehr bei dir gewesen?

– Fast vier Wochen.

– Er hat Angst, du bist dabei, die Oberhand zu gewinnen.

– Ich weiß es nicht, diese Unsicherheit macht mich verrückt. Diese Woche ist er hier gewesen, eigentlich ist nichts passiert, er hat geschellt, und ich habe nicht aufgemacht.

– Gut. Hat er irgendetwas zu dir gesagt?

– Ja, er klopfte und rief, dass er reinwollte.

– Und du hast Nein gesagt?

– Hmm.

– Ich finde es super, dass du ihm nicht mehr aufmachst!

– Ich bin froh, dass ich nicht aufgemacht habe. Aber ich kann nicht mehr.

– Du solltest stolz auf dich sein.

– Ja, aber das Ganze ist doch von vornherein zum Scheitern verurteilt.

– Wie meinst du das?

– Ich bin kleiner geworden in letzter Zeit. Ich bin nicht mehr dieselbe. Wenn ich daran denke, was ich alles in dem Jahr aufgebaut habe, als er mich in Ruhe gelassen hat. Das hat er dann alles im Lauf von 14 Tagen zerstört.

– Hast du Angst, dass das noch mal passiert?

– Es ist doch hoffnungslos, er kann so schnell etwas zerstören, wozu ich so lange Zeit gebraucht habe, um es aufzubauen. Das hat doch alles keinen Sinn.

– Du darfst nicht vergessen, dass ER damals den Ton angab. Er fand eine Frau und kam nicht mehr zu dir, und als mit der Frau Schluss war, war er es, der euer Verhältnis wieder aufnahm. Jetzt bestimmst DU, dass DU ihn nicht sehen willst. Du hast die Kontrolle, du bist auf dem Weg, vor einem Monat hast du die Tür doch noch aufgemacht, oder?

– Ja, heute fällt es mir leichter, Nein zu sagen.

– Ist das denn kein Fortschritt?

– Doch, aber es geht so verdammt langsam.

– Die Dinge brauchen ihre Zeit. Es geht hier um ein Verhältnis, das die meiste Zeit deines Lebens bestanden hat, und so etwas lässt man nicht so einfach hinter sich. Er hat sehr viel Macht über dich, lass uns also mit dem zufrieden sein, was du bisher erreicht hast.

– Jetzt, wo du das sagst, bin ich auch froh über das, was ich bisher geschafft habe.

– Du musst dich an den kleinsten Strohhalm klammern und damit leben, dass die Situation sich kurzfristig wieder verschlechtern kann. Solange du an dich glaubst, bin ich überzeugt, dass du es schaffst.

– Dann müssen wir hoffen, dass er vor mir aufgibt.

– Ich denke, das wird er.

Wir holen Atem. Ich merke deine Rastlosigkeit und Unsicherheit, ich kann dich nicht von etwas überzeugen, woran du nicht glaubst.

Wir beschließen, die nächsten Wochen keinen Kontakt zueinander zu haben.

Schließlich rufe ich dich am 26.5. an, um deine Stimme zu hören.

Auszug aus einem Radiogespräch vom 26.5.96

– Hallo, Nanna, wie geht's dir?

– Besser.

– Das höre ich an deiner Stimme.

– Mir geht es viel besser.

– Was ist passiert, hast du etwas Schönes gemacht?

– Ja, was ist passiert? Die Zeit ..., ja, die Zeit. Ich weiß, dass ich nicht passiv sein darf, denn dann falle ich in eine

Depression. Also bin ich zum Frisör gegangen und habe mir neue Klamotten gekauft. Es ist lange her, seit ich das zum letzten Mal gemacht habe.

– Schön zu hören. Ich notiere: Nanna geht es gut! So vergessen wir das nicht!

Kurz vor Sendeschluss von „Tvaers" ist die Stimmung leicht gehoben. Alle haben Nannas frohe Stimme gehört. Unsere Gespräche in den letzten Wochen waren von einer Art Galgenhumor geprägt, während dieses Gespräch heute Abend von einer ganz gewöhnlichen Fröhlichkeit zeugte ... Aber kurz vor zehn schellt das Telefon. Jetzt ist es die kleine, ängstliche Nanna, die da anruft. Der Vater steht vor der Tür.

– Bist du dran? ... Nanna?

– Hmm ... er steht vor der Tür.

– Schieb die Kommode davor, ruf ihm etwas zu!

– Aber er weiß nicht, dass ich da bin, ich habe im Wohnzimmer kein Licht gemacht; vor ein paar Tagen war es genauso.

– Klopft er an die Tür, oder steht er nur da?

– Er hat versucht, die Tür aufzumachen.

– Hast du abgeschlossen?

– Ja.

– Was hältst du davon, wenn ich die Polizei anrufe und sie bitte, zu deiner Wohnung zu kommen? Du hast ihn ja früher schon einmal angezeigt?

– Das möchte ich nicht.

– Warum nicht?

(Pause)

– Jetzt geht er die Treppe runter, ich glaube, er ist auf dem Weg zum Parkplatz, ja, da ist er ... er geht zu seinem Auto.

– Steht er neben dem Auto?

– Nein, er setzt sich rein.

(Pause)

– Hast du Angst?

– Eigentlich bin ich eher müde.

– Ist er immer noch da?

– Er sitzt im Auto mit laufendem Motor.

– Kannst du dich nicht im Wohnzimmer ans Fenster stellen, damit er dich sehen kann, während du telefonierst? Er weiß ja, dass du zu Hause bist.

– Ja, ja, natürlich sollte ich ihm zeigen, dass ich keine Angst habe.

– Ja, nur zu, öffne das Fenster und sprich weiter. Versuch es!

(Gepolter)

– Jetzt kann er mich sehen.

– Gut, warten wir ab. Sieht er überhaupt zum Fenster rauf?

– Ja, tut er.

– Sieht er dich an?

– Ja.

(Pause)

– Letzte Woche habe ich eine Einladung zum Geburtstag meiner Mutter bekommen. Vielleicht ist er deswegen hier. Ich habe nämlich abgesagt.

– Mit welcher Begründung?

– Sie hat mir nur den Tag und die Zeit gesagt, wann sie feiern will, und dass ich gern kommen kann. Dann habe ich sie gefragt, ob er auch kommt, und sie hat Ja gesagt. Darauf habe ich ihr gesagt, dass ich nicht kommen werde.

– Super.

– Jetzt fährt er ...

– So?

(Pause)

– Fährt er wirklich?

– Ja, er fährt ... jetzt ist er auf der Straße.

– Wie geht es dir dabei, wenn du am Fenster stehst und hinaussiehst?

– Es ... es geht mir nicht so gut, es ist mir peinlich.

– Warum?

– Weil ich nicht möchte, dass er mich sieht, und ich möchte auch nichts von ihm hören, aber das tu ich ja die ganze Zeit. Ich schäme mich vor ihm, dass er mich so sieht, und ich schäme mich vor mir, dass ich zu schwach bin, um zu ihm rauszugehen und ihn wegzujagen. Aus diesem Grund hab ich auch nicht angerufen, als es nötig war.

– Wie hat er dich denn heute gesehen?

– Natürlich so wie an dem Abend, als er hier war und ich Fenster geputzt habe. Hoffentlich begreift er, dass es mir Ernst ist.

– Ich denke schon, du zeigst ihm jetzt Stärke an Stelle von Angst.

– Bevor er ging, hat er gerufen, dass er etwas in meinen Briefkasten geworfen hat.

– Willst du nachsehen und mir sagen, was es ist?

– Das kann ich machen.

– Okay, dann warte ich.

(Pause)

– Und? Ist es ein Brief?

– Hmm, eine Einladungskarte von meiner Mutter.

– Ah ja, sonst noch was?

– Und Geld.

– Was wirst du machen?

– Ich schick es ihm zurück.

– Gut, du liegst mit vielen Punkten vorn, sammle solche Erlebnisse.

Brief vom 28.5.96

Hei Tine,

oft fällt es mir schwer, einen Brief anzufangen. Nicht weil es mir schwer fällt zu schreiben, sondern weil ich nicht weiß, in welcher Reihenfolge ich schreiben soll und womit ich anfangen soll. So geht es mir jetzt auch, und deshalb ist auch nicht immer alles so klar und verständlich.

Am Sonntag hatte ich nicht mehr so viel Angst, beinah hätte ich sogar aufgemacht. Eigentlich wollte ich dich gar nicht anrufen, aber ich merkte, dass ich schwach zu werden begann, als ich ihn da draußen sah, und dass er mich leicht hätte überreden können aufzumachen.

Gut, dass ich angerufen habe.

Bestimmt konnte ich dir nicht richtig erklären, warum ich nicht die Polizei rufen oder ihn anschreien wollte. Ich verstehe es eigentlich selbst nicht.

Ich bin momentan sehr labil. Ich reagiere sehr heftig. Wenn ich zum Beispiel zu weinen anfange, kann ich kaum wieder aufhören. Ich komme mir fast wie eine Zeitbombe vor, die jederzeit explodieren kann, und mit so einer heftigen Reaktion komme ich nicht zurecht. Deshalb möchte ich selbst bestimmen, wann ich verrückt, zornig oder verzweifelt reagiere. Wenn ich zu Hause bin, kann ich nicht so viel Unüberlegtes tun, das ich dann später bereuen könnte.

Du hast mich oft gefragt, ob ich nie zornig werde. Doch, werde ich, aber nicht, wenn er hier ist. Ein paar Mal haben völlig Unschuldige, die mir über den Weg gelaufen sind, meine Wut abbekommen. Die Male, wo ich wütend geworden bin, bin ich total Amok gelaufen, ohne an die Folgen zu denken, und ich hatte unglaubliche Kräfte. Als Kind bin ich häufig sehr zornig geworden, und oft mussten andere Kinder darunter leiden, sehr oft auch meine Mutter.

Ich bin sehr froh über unsere Gespräche, sie helfen mir, nicht aufzugeben, helfen mir „weiterzumachen"; außerdem zwingen sie mich, alles zu erklären, und dadurch begreife ich auch selbst besser, was zum Teufel da passiert.

Viele Menschen, die mir zu nahe gekommen sind und mich ein bisschen zu gut kennen gelernt haben, habe ich mit meinem Verhalten in die Flucht geschlagen. Ich fühle mich schutzlos und den Schlägen anderer ausgeliefert. Ich bin zu schwach und denke, dass die anderen Recht und Grund haben, mich kaputtzumachen.

Momentan habe ich dir gegenüber die gleichen Gefühle. Ich versuche, offen zu bleiben, habe aber nicht das Gefühl, dass das sonderlich gut klappt. Ich weiß nicht recht, wie ich es besser machen kann, aber ich würde gern etwas tun, dass es besser läuft.

Als wir die ersten Male miteinander gesprochen haben, fiel mir das leichter, aber jetzt bist du so nah dran, dass du mich auch leicht verletzen kannst. Objektiv betrachtet, ist mir klar, dass nur sehr wenige Menschen andere mutwillig verletzen wollen ... aber ich will kein Risiko eingehen.

Ich fühle mich ziemlich vor den Kopf gestoßen, weil er mir wieder Geld geschickt hat. Ich weiß nicht, warum ich gerade darauf sauer reagiere. Vielleicht weil es einfacher ist, auf das Geld wütend zu sein als direkt auf ihn.

Ich schäme mich, das sagen zu müssen, aber die Gewissheit, dass er da ist und mir helfen wird, wenn es nötig ist, vermisse ich schon etwas. Nein, ich vermisse sie NICHT, aber sie bedeutete eine Sicherheit, und jetzt muss ich versuchen, ohne diese Sicherheit auszukommen.
Ich kann noch nicht mehr dazu sagen, weil ich nicht weiß, was passieren wird. Aber es hat irgendwie damit zu tun, dass ich mich einsam fühle. Es ist ein Schock für mich, allein dazustehen.
Ich war mir ganz sicher, dass ich den Bruch mit beiden Elternteilen gut verkraften würde, aber es tut tatsächlich mehr weh, als ich zugeben will. (Besonders der Bruch mit meiner Mutter, aber auf die eine oder andere Weise auch der mit meinem Vater.)

Später nachts

Als ich neun oder zehn war, war ich Weihnachten bei ihm, und meine Mutter sollte Heiligabend kommen, um mit uns zusammen zu feiern. Mein Vater machte den ganzen Tag über Andeutungen, dass an diesem Abend etwas Besonderes passieren würde. Alles deutete gewissermaßen darauf hin, dass es ein „unangenehmer" Abend werden würde.
Meine Mutter würde kommen, also war ich in Sicherheit, denn es konnte ja nichts passieren, bevor sie nicht nach Hause gefahren war, und ich rechnete damit, dass sie bei uns übernachten würde.

Spät am Nachmittag wunderte ich mich darüber, dass sie nicht kam. Wir begannen gegen meinen Willen mit dem Essen, ich hatte auf sie warten wollen. Während des Essens gab er mir eine Ohrfeige und verlangte, dass ich mich auszog. Ich war sehr unglücklich darüber, denn ich hatte Angst, dass meine Mutter plötzlich auftauchen würde. Als wir mit dem Essen fertig waren, sollte ich mich mit gespreizten Beinen auf den Tisch setzen und Süßigkeiten essen. Ich konnte die Süßigkeiten kaum herunterbekommen aus Angst, dass meine Mutter kommen und mich so sehen würde.

Er schenkte mir ein neues Fahrrad, das hatte ich mir schon lange gewünscht, aber um meine Freude zu zeigen, sollte ich mich über das Rad beugen, damit er mich von hinten nehmen konnte. Ich hatte mir so lange ein Fahrrad gewünscht, und dann habe ich es so gehasst. Ich war richtig froh, als es ein Jahr später gestohlen wurde.

Es war ein sehr langer Abend, an dem viele ekelhafte Dinge passierten. Meine Mutter war einige Tage vor Weihnachten ins Krankenhaus gekommen, aber das hatte er mir nicht erzählt.

Die Angst, dass meine Mutter kommen und sehen würde, was vor sich ging, war fast genauso schlimm wie das, was passierte.

Meine Mutter wurde zwischen Weihnachten und Neujahr entlassen, und ich durfte zu ihr nach Hause, da sie Hilfe brauchte.

Nach den Vorfällen am Weihnachtsabend fing ich an zu bluten. Nicht sehr stark, aber über mehrere Tage. Meine Mutter war ein bisschen stolz, dass ich meine Menstruation bekommen hatte, und erzählte es der Sozialarbeiterin, die nach ein paar Tagen kam, als Erstes. Meine Mutter hatte bemerkt, dass ich blutete, da ich ihre Binden benutzen musste, weil ich letztendlich nicht genug Unterhosen hatte. (Die ersten Tage schmiss ich die Unterhosen weg, in denen Blut war.)

Ich weiß, dass ich an dem, was geschehen ist, keine Schuld trage, aber genau wie heute schämte ich mich auch damals dafür, und alles wäre noch beschämender gewesen, wenn meine Mutter davon erfahren hätte.

In der letzten Zeit ist es mir, wie gesagt, ziemlich schlecht gegangen, aber ich weiß aus Erfahrung, dass ich mit hoher Wahrscheinlichkeit zwei Schritte zurückgehe, wenn ich vorher drei Schritte vorwärts gemacht habe.

Vielleicht ist meine Schlussfolgerung falsch. Ich habe den Eindruck, unter anderem deshalb so down zu sein, weil ich alles so nah an mich heranlasse, dass ich nicht mehr genug Raum zum Atmen habe. Ich erlebe etwas und lasse es einfach zu nah an mich heran, sodass es fast meinen ganzen Alltag bestimmt.

Allmählich weiß ich, dass ich weder weit reichende Entscheidungen treffen noch mich zu vielem aussetzen sollte, wenn es mir an der nötigen Widerstandskraft fehlt. In solchen Perioden ist es am besten, mich an einen Ort, an dem ich nicht allzu viel falsch machen kann, zurückzuziehen.

Es ist wichtig für mich, einen gewissen Abstand zu bekommen und die Dinge weit genug wegzuschieben, um wieder Platz für anderes zu haben. Mit etwas Abstand betrachtet, sehe ich klarer, was passiert und warum etwas passiert. Ich bin dann realistischer in dem, was ich tue, und habe mehr Energie und Kampfgeist, ich kann über die Probleme „grinsen" und so irgendwie mit heiler Haut aus der Sache hervorgehen. Dann bin ich auch wieder bereit, drei Schritte vorwärts zu gehen.

Momentan würde ich am liebsten den Dingen ihren Lauf lassen. Aber ich weiß auch, dass ich diesen Wunsch vermutlich noch eine ganze Zeit haben werde und dass es nicht leicht sein wird, ihm nächstes Mal Widerstand entgegenzusetzen.

Es ist gut, dass ich vorher nicht gewusst habe, wie schwer es ist, die bestehenden Verhältnisse zu ändern. Ich glaube, dann hätte ich gar nicht angefangen, sondern hätte alles laufen gelassen. NEIN – ich will nicht mehr.

Am nächsten Tag

Die Schule, in die ich gegangen bin, war das Letzte. Viele von uns blieben einfach weg, wenn sie zu einer Stunde keine Lust hatten. Ich habe niemals erlebt oder gehört, dass das Folgen hatte, und ich war eine von denen, die oft fehlten. Irgendwann in der siebten oder achten Klasse hatten wir einen jungen Vikar, der mich in einer Freistunde aufgriff und mich bat, mit ihm reinzukommen. Er machte mir Vorhaltungen wegen meines Verhaltens, aber ich grinste ihn nur an und fragte, ob er eine Pfeife Hasch mitrauchen wolle. Da bat er mich zu gehen, und nach diesem Vorfall hat er nie wieder mit mir gesprochen. Auch eine Art, andere auf Abstand zu halten!

Meine Freundin hat einmal gesagt, dass ich sie viel besser kennen würde als sie mich, und darin kann ich ihr nur Recht geben. Oft habe ich Lust, ihr einiges zu erzählen, aber ich trau mich nicht, ich wäre dann sehr verletzlich und hätte permanent Angst, hinterrücks erstochen zu werden.

Ein paar Mal habe ich versucht, anderen etwas zu erzählen

– nicht meiner Freundin –, aber danach war ich immer sehr auf der Hut vor diesen Leuten. Ich mochte nicht mehr so wie früher mit ihnen zusammen sein, und so sind die Bekanntschaften kaputtgegangen.

Ich freue mich darauf, wieder mit dir zu reden, selbst wenn dir das vielleicht merkwürdig vorkommt.

Magst du wirklich weitermachen? Bin ich ein total hoffnungsloser Fall?

Nanna

Im Juni sprechen wir mehrmals miteinander, auch über mein Privattelefon. Es gelingt mir nicht, meinen Hass gegen diesen Mann zurückzuhalten, der ein kleines Mädchen gequält hat, und ich muss mich die ganze Zeit zwingen, an das Versprechen zu denken, das ich Nanna gegeben habe. Wenn ich etwas gegen ihren Willen tue, verliere ich den Kontakt zu ihr und trage zu ihrer Erfahrung des Verlassenwerdens bei. Ich weiß, dass so etwas auch in anderen Familien passiert, und ich weiß, dass wir es erst bemerken, wenn es zu spät ist. Erst wenn das Kind ein erwachsener Gewalttäter oder ein neues Opfer der Gewalt wird. Meine Zeit geht in dem Wunsch auf, Nanna zu helfen, stark zu werden. Ich bin die Erwachsene, ich glaube an sie, und wenn ich zweifle, ist es meine eigene Angst, nicht zu genügen.

Nein, Nanna, du bist kein hoffnungsloser Fall, und ich bin da, solange du mich brauchst.

Ich kann dir deine Angst vor der Angst nicht nehmen. Du hast ja Recht, wenn du sagst, dass deine Angst ihm Macht über dich gibt, und es wird Zeit brauchen, bis du begreifst, dass du auf dem Weg bist, dich von dieser Angst zu befreien.

Du kannst das Warten nicht aushalten, du bekommst Panik. Du schwankst von Minute zu Minute. So ist das, du musst so lange damit leben, bis du diese Angst losgeworden bist. Es ist gut, dass du schreibst; ich weiß, dass du deine Briefe nicht liest, bevor du sie abschickst, weil du es nicht aushältst, sie zu lesen. Ich halte es auch nicht aus, deine Briefe treffen mich, wie ich es früher noch nie erlebt habe.

Dein Anruf am Johannisabend hat mir den Boden unter den Füßen weggezogen.

Auszug aus einem Radiogespräch vom 23.6.96

– Du bist nicht beim Johannisfeuer?

– Nein, es ist saukalt, aber ich bin Wasserski gelaufen!

– Wie geht's dir heute?

– Ganz gut, denke ich. Ich habe mich entschlossen, das, was geschehen muss, geschehen zu lassen. Ich lasse den Dingen jetzt ihren Lauf. Wenn er kommt, passiert es eben.

– Verdammt noch mal ... was zum Teufel sagst du da?

– Wenn es passiert, passiert es eben. Alles andere kostet zu viel Kraft. Es kostet sehr viel Energie, ihn von mir fern zu halten.

– Sicher, aber was soll das jetzt?

– Er ist zwei- oder dreimal hier gewesen, und selbstverständlich habe ich ihn nicht reingelassen, aber ich kann nicht damit leben, mich dauernd umsehen und dauernd aufpassen zu müssen. Ist er in der Nähe, und was dann, und was soll passieren? Genauso habe ich die letzte Zeit gelebt.

– Du kannst also nicht mit der Angst leben? Stimmt das?

– Ja, das will ich nicht.

– Wie laufen deine Gespräche mit der Psychologin?

– Ich hab aufgehört.

– Warum?

– Es war mir zu viel. Wir sind so verblieben, dass ich im Lauf von zwei bis drei Monaten wieder bei ihr anrufen kann. Wir machen nur eine Pause, wir hören nicht auf, und so empfinde ich das auch. Ich glaube nicht, dass ich endgültig aufgegeben habe. Ich werde schon noch lernen, ihn mir fern zu halten. Ich mache nur eine Pause, hier und jetzt.

– Bist du dir sicher, dass das richtig ist?

– Es ist wichtig für mein Überleben.

– Ich dachte, dein Überleben sei davon abhängig, dass dieser Mann aus deinem Leben verschwindet. Vermisst du ihn?

– Nein, tu ich nicht!

– Bist du dir sicher?

– Ja, bin ich. Ich vermisse meine Mutter. Das gebe ich zu.

– Hast du nichts von ihr gehört?

– Nein, oder doch, sie hat mich an ihrem Geburtstag angerufen, total betrunken. Normalerweise ruft sie mich alle 14 Tage an. Das macht sie nicht mehr. Das Sicherheitsnetz ist weg. Ich möchte Kontakt zu ihr. Nicht zu ihm. Ich hatte den Gedanken nicht zu Ende gedacht, bevor ich mittendrin steckte ... Es fällt mir schwer, mir ein Leben allein vorzustellen, ohne sie.

– Was für einen Gedanken?

– ... dass der Bruch mit ihm auch einen Bruch mit ihr bedeuten würde.

– Ja, wenn du ihr nicht die Wahrheit sagst. Ich denke, sie hat einen Anspruch darauf, etwas zu erfahren. Das ist eine missverstandene Rücksichtnahme, dass du ihr nichts erzählst. Dein Leben hat auch mit der Unehrlichkeit zu tun, mit der ihr so viele Jahre gelebt habt.

– Ich habe nicht aufgegeben.

– Doch, du hast gesagt, du tust nichts mehr. Können wir uns nicht darauf einigen, die Uhr zu stellen? ... Wie lange willst du Pause machen? Das ist ja eine ziemlich schlechte Entschuldigung dafür, nichts zu tun.

– Ja, ist es, aber es verbraucht nicht ganz so viel Energie.

– Aber genau jetzt kann er kommen und dich in deiner Schwäche überwältigen, und alles ist wieder beim Alten. Jedes Mal wenn du Hass gegen ihn spürst, ziehst du dich zurück!

– Ich weiß. Die Entscheidung ist mir auch schwer gefallen.

– Ich halte das für eine falsche Entscheidung.

– Vielleicht, aber ich habe auch beschlossen, zusammen mit den Leuten, mit denen ich Sport treibe, nach Norwegen zu fahren, ist das nicht genug?

– Das wird die Zeit zeigen.

Verdammte Idiotin! Ich werde meine Zeit nicht mehr mit dir oder anderen Starrköpfen vergeuden.

Go to hell, und lass mich in Frieden mit all deinem Unwohlsein und deinen schlechten Entschuldigungen. Wenn du nicht ohne das Schwein leben kannst, das dir so viel Böses zugefügt hat, dann lass mich in Ruhe. Ich hoffe, du brichst dir in Norwegen, oder wo du nun hinfährst, sämtliche Knochen, sodass er dich aufsammeln und richtig gut für dich sorgen kann!

Brief vom 17.7.96

Hei Tine,
jetzt bin ich nach zehn langen, aber sehr schönen Tagen in
Norwegen wieder zu Hause. Es war mir etwas zu viel, so
eng mit anderen zusammen zu sein, ohne mich zurückzie-
hen zu können. Ich musste die ganze Zeit über aufpassen,
nichts zu sagen oder nicht zu heftig zu reagieren, wenn mir
die anderen zu nahe kamen – sowohl physisch als auch
verbal. Glücklicherweise hatte einer eine Gitarre mit, hinter
der ich mich die meiste Zeit verstecken konnte, indem ich
für die anderen gespielt habe.
Ich bin mit der Erwartung nach Norwegen gefahren, dass
ich jetzt „sozialer" sei und das Zusammensein mit den
anderen genießen würde. Aber das einzige, wozu ich Lust
hatte, war wegzulaufen, mich im Wald zu verstecken und
mein restliches Leben als Einsiedler zu verbringen.
Ich würde so gern mit anderen Menschen leben, anstatt
neben ihnen her.

Könnte ich doch ein halbes Jahr Urlaub vom Gymnasium
nehmen. Ich gehe eigentlich sehr gern dorthin, aber jetzt
bin ich plötzlich im letzten Jahr, und was soll danach
werden? Eigentlich habe ich keine Lust, meinen Abschluss
zu machen; ich brauche ihn ja auch zu nichts.
Ich habe mich nach einer Wohnung in Viborg erkundigt,
wo ich schon früher gewohnt habe. Ich möchte gern hier
wegziehen, bevor allzu viel Chaos angerichtet ist.
Ich bin immer noch in der Stimmung „Wenn er kommt,
passiert es eben". Na und?
Ich behaupte nicht, alles immer so lassen zu wollen, aber
momentan will ich nichts unternehmen.

Es ist herrlich verantwortungslos zu sagen, dass alles möglich ist und wie auch immer enden kann.

In den letzten Monaten habe ich kontinuierlich darauf geachtet, ob er in meiner Nähe war, und so wird es ja noch lange Zeit weitergehen. Ich bezweifle stark, dass du, die Polizei oder andere ihn von mir fern halten können. Natürlich kann er eingesperrt, eingeschüchtert oder auf andere Weise eine Zeit lang von mir fern gehalten werden, aber irgendwann wird er wieder vor mir stehen. Er wird sich rächen wollen. Ja. Ich habe Angst vor ihm.

Noch vor ein paar Jahren, und auch als Kind, konnte ich besser mit seinem Verhalten mir gegenüber umgehen als jetzt. Ich meine, ich bin jetzt stärker, und einige Dinge sind mir bewusster. Warum kann ich diese Stärke nicht nutzen, um mit ihm fertig zu werden?

Es ist doppelt anstrengend, ihn auf Abstand zu halten, aber auch weiterzumachen, wenn er trotzdem hier war. Deshalb wähle ich die billige Lösung. Wenn mir das Abstand-Halten schon nicht gelingt, muss ich mich in das, was passiert, finden. Dann ist es keine Niederlage.

Ich habe bestimmt keine Ruhe vor ihm, bevor nicht einer von uns tot ist.

Vielleicht endet es damit, dass ich ihn umbringe. Das wäre ärgerlich, aber diese Möglichkeit steht auch noch offen. Es wäre mies, aber eine Lösung, und ich wäre bereit, den Preis zu zahlen.

Es ist auch ein bisschen verlockend, 12 bis 14 Jahre zu leben, ohne Verantwortung übernehmen zu müssen.

Du hast mich einmal gefragt: „Warum schützt du deine Mutter?" Das tue ich nicht, ich versuche vor allem, meinen

Bruder und mich zu schützen. Ich schütze mich, indem ich meiner Muter nichts erzähle, denn ich glaube, es wäre schrecklich, wenn sie sagen würde: „Ja, das weiß ich." Sie weiß, dass etwas passiert ist, aber ich glaube nicht, dass sie weiß, was passiert ist.

Du kannst das eine Lüge nennen oder die Entscheidung, der Wahrheit nicht ins Gesicht zu sehen. Ich entscheide mich dafür, ihr JETZT nicht ins Gesicht zu sehen. Wenn ich sie nicht frage, bekomme ich auch keine negative Antwort. Solange die Frage unbeantwortet bleibt, besteht noch eine kleine Hoffnung.

Ich habe mich für die leichte Lösung entschieden. Vielleicht ist auch meine Hoffnung falsch, aber es ist eine Hoffnung.

Als wir zum ersten Mal miteinander gesprochen haben, war ich ganz versessen darauf, seinem Verhalten einen Riegel vorzuschieben. Das bin ich immer noch, aber anders. Als ich dich angerufen und dir erzählt habe, dass ich jetzt den Dingen ihren Lauf lasse, hast du mir nicht geantwortet, ob du es immer noch für eine gute Idee hältst, dass wir weiter miteinander reden. Ich kann dich ja anrufen, wenn ich wieder bereit bin, etwas zu unternehmen.

Oft fehlen mir die Worte. Die Worte, die ich kenne, treffen nicht ganz das, was ich sagen will. Selbst wenn es mir oft wehgetan hat, mit dir zu sprechen, bin ich froh über unsere Gespräche, denn du hast mir Fragen gestellt, die ich mir selbst nicht stellen will, kann oder nicht zu stellen wage. Dass andere Bescheid wissen, stellt auch eine Sicherheit für mich dar.

In der letzten Zeit durfte mein Bruder mich nicht besuchen. Ich weiß, dass meine Mutter mich so strafen will und dass diese Strafe nicht ewig währen wird, aber sie trifft mich sehr und tut entsetzlich weh. Sie verlangt, so gesehen, dass ich zwischen Teufel und Beelzebub wähle. Was soll ich jetzt tun?

Oh, verdammt. Ich habe solche Angst vor ihm.
Wenn etwas Schlimmes passiert, möchte ich, dass du meine Briefe wegwirfst. Er hat mich in letzter Zeit ein paar Mal angerufen, und schon das, was er sagt, sowie seine Stimme reichen, dass ich ganz klein werde.

Ich habe so viele Fragen, auf die ich nur selbst eine Antwort finden kann:
Was soll ich machen, wenn er SEHR gewalttätig wird?
Was, wenn ich ihn verletze? Natürlich würde ich Hilfe rufen, aber was weiter?
Was, wenn alles in Ewigkeit immer so weitergeht? Ja, was dann?

Nanna

Ich habe mir über dein Verhältnis zu deiner Mutter Gedanken gemacht. Hast du schon einmal daran gedacht, dass du sie auch „strafst", indem du ihr nichts erzählst? Du hast deine Enttäuschung und Wut an ihr ausgelassen und ihr damit das Vertrauen entzogen, hast du mal gesagt. Das Wesentliche hast du ihr aber nie erzählt. Ich glaube dir, wenn du sagst, dass die Angst davor, dass sie zugibt, alles gewusst zu haben, sehr groß ist, aber das andere, die Wut über ihr Versagen, wiegt doch ebenso schwer.
Ja, ich hatte mich dazu entschlossen, den Kontakt zu dir

abzubrechen, wenn du das Verhältnis zu deinem Vater wieder aufnimmst. Aber ich gebe uns eine Chance. Es wäre einfach schade und dumm, jetzt loszulassen; außerdem bin ich beständig.

Auszug aus einem Radiogespräch vom 27.7.96

– Ich hatte fast den Eindruck, dass du ihn reingelassen hast.
– Nein, ich habe ihn nicht reingelassen, aber er hat angerufen und ist ein paar Mal hier gewesen. Er hat mir auch Geld geschickt.
– Was hast du damit gemacht?
– Ich habe es zerschnitten und an ihn zurückgeschickt.
– Du bleibst also standhaft?
– Ja, und daran versuche ich mich aufrecht zu halten; doch alles hängt an einem dünnen Faden.
– Aber du schaffst es doch!
– Ja, aber ich habe keine Garantie, dass ich es weiter schaffe.
– Sei nicht so pessimistisch. Betrachte jeden Tag als Sieg.
– Ja, aber nachdem er hier war, hatte ich beschlossen, dass Schluss ist.
– Schon, doch das ist ja allmählich lange her.
– Stimmt. Es ist aber passiert, und es kann wieder passieren. Damals habe ich nur die Augen zugemacht und gedacht: Es passiert nichts, und dann passierte es doch und machte alles kaputt. Das ist ein teurer Preis.
– Das mit deinem Bruder, inwiefern?
– Mein Vater hatte uns eine Reise geschenkt, wir sollten alle zusammen am Samstag fahren, und ich musste wiederholen, dass ich nichts mit ihm zu tun haben wollte. Meine

Mutter schrie daraufhin, dass ich alles kaputtmache und doch ganz genau wisse, wen es am meisten treffe. Ich will nicht, dass sie ganz ausflippt, denn das muss dann mein Bruder ausbaden.

– Du kannst nicht alle dein Leben lang beschützen. Sie ist eine erwachsene Frau.

– Stell dir mal vor, sie weiß alles. Pfui Teufel!

– Aber du hast dich entschlossen, nicht mit in die Ferien zu fahren?

– Ja.

– Was ist das für eine Idee mit dem Umzug? Wieder eine Panikhandlung?

– Das weiß ich, aber da wird auch nichts draus.

– Wenn du umziehen willst, dann zieh nach Australien oder China, so weit weg wie möglich!

– Vielleicht sollte ich das.

– Du bist verrückt; ich mag nicht darüber sprechen, aber ich betone noch mal, dass wir unseren Kontakt aufrechterhalten, ich weiß, dass du bald anders denkst.

Brief vom 11.8.96

Hei Tine,

ich schleiche wie die Katze um den heißen Brei, weil ich nicht weiß, ob ich dich anrufen soll oder nicht. Ich habe das Gefühl, nicht noch mehr von deiner Zeit in Anspruch nehmen zu können. Aber ich muss dir einfach erzählen, was passiert ist. Es ist so toll!

Am Donnerstag fing das Gymnasium wieder an, aber wir bekamen zeitig frei, da wir den Freitag für die Neuanfänger und die zweiten Klassen planen sollten. Da wir viele gute Ideen hatten, konnten wir bald zum Fjord rausfahren.

Es war ein schöner Tag, und als wir nach Hause fuhren, waren wir nach ein paar Bier und Glück beim Surfen äußerst guter Stimmung. Einige von uns kamen mit zu mir, um Pizza zu essen.

Die anderen gingen das Essen holen, und Anders, mit dem ich auch zusammen arbeite, sollte den Tisch decken, während ich ins Bad ging.

Im Moment funktioniert die Haustür und ist die meiste Zeit des Tages geschlossen. Ich hörte, dass es schellte und dass Anders runterging. Er kam schnell wieder rauf und sagte: „Dein Vater ist unten und will mit dir sprechen."

Seit wir das letzte Mal miteinander gesprochen haben, ging es mir gut, deshalb hatte ich auch keine Zweifel, dass jetzt der richtige Zeitpunkt sei. Ich bat Anders runterzugehen und ihm zu sagen, dass ich in zehn Minuten kommen würde, aber dass er ihn NICHT reinlassen dürfe. Ich war entschlossen, zu ihm hinunterzugehen, aber gleichzeitig spürte ich auch leichte Panik, denn was sollte jetzt werden? Bald waren die anderen zurück, und ich bat sie, oben zu bleiben, aber zu hören, was unten vor sich ging. Als ich runterging, sagte ich mir: „Du schaffst es, willige in nichts ein, jetzt schaffst du es." Und ich hatte fast das Gefühl zu wachsen und konnte, (fast) ohne zu zögern, die Tür öffnen und zu ihm gehen.

Es gelang mir auch, ihn direkt anzusehen und zu sagen: „Was willst du?" Aber verdammt, meine Stimme zitterte ganz schön. Er antwortete äußerst sauer: „Was ist das denn für ein Willkommen?" Ich machte mich so hart ich konnte, sah ihn weiter an und antwortete still und kalt: „Du bist nicht willkommen! Hau ab, und lass mich in Ruhe!"

Er wirkte sehr überrascht, aber auch ein bisschen gefährlich. Dadurch, dass die anderen oben waren, empfand ich eine gewisse Sicherheit, sodass ich stehen blieb und ihn mehrmals aufforderte zu gehen. Allmählich taten mir von dem Starren die Augen weh, aber er verstand und ging!

Ich konnte nicht sofort zu den anderen hochgehen. Ich war total erschüttert, aber auch unglaublich stolz und glücklich. Ich schwebte auf einer kleinen hellroten Wolke. Das tue ich eigentlich immer noch.
Es ist toll, toll, toll!
Glücklicherweise waren die anderen leicht zu überreden, mit in die Stadt zu gehen, sodass ich meinen Sieg auch feiern konnte.
Mir war/ist sehr klar, dass ich ihn nicht zum letzten Mal gesehen habe. Ich sage mir immer wieder: „Ich will – ich kann – ich werde."
Gestern tauchte er wieder auf und schellte. Ich entschloss mich runterzugehen und etwas zu unternehmen, da ich nicht die geringste Lust hatte, wieder allein hier oben zu sitzen. So ruhig ich konnte, ging ich an ihm vorbei und forderte ihn auf zu verschwinden. Er griff nach meinem Arm und sagte, dass ich die Leidtragende sei, wenn ich ihn nicht rauflasse.
Ich war, gelinde ausgedrückt, wahnsinnig ängstlich, aber auch wütend, sodass ich es schaffte, ihm zu sagen: „Nein, du wirst der Leidtragende sein", und dann bin ich gegangen. Ich musste mich wirklich beherrschen, nicht zu laufen oder mich umzusehen.
Es fiel mir nicht leicht, wieder in die Wohnung zu gehen, aber ich nahm meinen Mut zusammen, und er war dann auch weg.

Es ist fantastisch. Wenn ich doch nur ein kleines Eckchen dieser hellroten Wolke zu dir schicken könnte. Tausend, tausend Dank für deine Hilfe.

So – jetzt versuche ich, wieder auf die Erde zurückzukommen, bevor ich ganz abhebe.
Ich glaube nicht, dass ich diesmal das letzte Mal von ihm gehört habe, aber ich hoffe, dass er dann wiederkommt, wenn es mir so gut geht, wie es momentan der Fall ist. Mir ist sehr wohl klar, dass meine Stimmung irgendwann auch wieder im Keller sein wird, aber ich hoffe sehr, dass mich das Erlebnis jetzt so stark gemacht hat, dass mir diese Stärke dann hilft.

Mir ist angeboten worden, an einem Selbstverteidigungskurs teilzunehmen, an demselben wie im Frühjahr. Ich denke, dass ich das jetzt machen werde.

Das ist wirklich das Beste, was bisher passiert ist! Stell dir mal vor – ich Schlappi bin stark geworden. Jetzt kann ich auch an ein Leben ohne ihn glauben.
Ich bin so froh und auch ein kleines bisschen stolz auf mich.
Ich umarme dich,

Nanna

Auszug aus einem Radiogespräch vom 18.8.96

– Hallo!
– Hallo, hallo!
– Danke für deinen Brief, ich habe mich so gefreut!

– Ja, das ist auch fantastisch, einfach super!

– Ich kann an deiner Stimme hören, dass eine kleinere Revolution stattgefunden hat, seit wir das letzte Mal miteinander gesprochen haben.

– Ja, ich habe auch immer noch das Gefühl zu schweben.

– Und du hast ihn angesehen?

– Ja, direkt, und ohne zu blinzeln. Das war so wahnsinnig, und das hat ihn auch unsicher gemacht.

– Du merkst, dass sich die Machtverhältnisse verschieben?

– Ja, das war das erste Mal, dass ich ihm direkt in die Augen sehen konnte. Ich habe ihm mehrmals gesagt, dass er gehen soll, und war entschlossen, nicht selbst den Rückzug anzutreten. Er sollte mir den Rücken zukehren und gehen, und das tat er dann schließlich auch.

– Wie ging es dir dabei?

– Ich war glücklich, aber auch sehr erschüttert, meine Beine konnten mich kaum tragen, und ich war total aufgewühlt.

– Jetzt muss ich dich aber doch fragen, was letztes Mal passiert ist, als du so deprimiert warst.

– Da war etwas, das ich dir nicht erzählt habe. Vor einem Monat, kurz nach unserem letzten Gespräch, folgte er mir, als ich von der Arbeit kam. Er musste mich schon einige Zeit belauert haben. Ich habe keinen Widerstand geleistet. Ich ließ mich vergewaltigen. Er sagte nichts, er grinste mich nur an.

– Warum hast du mich nicht angerufen?

– Ich weiß nicht, vielleicht habe ich mich geschämt. Er ruft auch jetzt an – zu allen möglichen Zeiten, mitten in der Nacht zum Beispiel.

– Was will er?

– Zuerst hat er mir gedroht, dass meine Mutter darunter zu leiden hätte, und dann fing er plötzlich damit an, dass er bedauerte, dass es ihm Leid täte und – ja, dass er damit nicht leben könnte.

– Er fängt also an, sich Selbstvorwürfe zu machen?

– Ja, ich glaube; vielleicht erwartet er, dass ich sage: „Ja, du tust mir Leid."

– Was antwortest du ihm?

– Meistens sage ich nur ziemlich kalt: „Na gut."

– Fragt er dich, ob du ihm vergeben kannst?

– Das tut er auch, ja, und ich habe ihm gesagt, dass ich das noch nicht kann. Vielleicht in zehn oder 15 Jahren, aber jetzt soll er nichts erwarten.

– Will er dich sehen, oder will er dich nur um Vergebung bitten?

– Er will mich auch sehen.

– Und was antwortest du ihm?

– Hart und brutal nein.

– Und deine Stimme zittert nicht dabei?

– Nein, doch, ein bisschen, ich muss mich wirklich zusammenreißen.

– Aber deine Stimme hat sich verändert, sie klingt anders.

– Ja, es ist einiges passiert.

– Hast du Mitleid mit ihm?

– Nicht im Geringsten, nein. Er droht auch damit, dass er so nicht leben kann, und was ich denn machen würde, wenn er eines Tages irgendetwas anstellt.

– Dass er sich umbringt, oder?

– Ja, aber momentan denke ich, dass das sein Pech wäre. Das ist so total unglaublich, dass ich so empfinden kann, dass ich denke: Gott weiß, wann du eigentlich aufwachst. Das kann doch nur ein Traum sein, das Ganze hier.

– Nein, das ist die Realität. Du bist dabei, die Oberhand zu gewinnen und seinem Griff zu entkommen.

Es ist eine unglaubliche Erleichterung, mit Nanna zu sprechen. Ich habe sie gebeten, darüber nachzudenken, ob sie sich vorstellen kann, dass unsere Gespräche in einer Sondersendung im Radio noch einmal gesendet werden. Ich war froh, dass sie mir auch von der Vergewaltigung erzählt hat, die sie letztes Mal vor mir verschwiegen hatte; sie erklärt auch ihren damaligen Gemütszustand, der mich etwas verwirrt hatte.

Brief vom 28.8.96

Hei Tine,
hier geht alles (noch) gut, und ich habe ihn seit einer Woche weder gesehen noch von ihm gehört.
Letztes Mal hast du mich gefragt, ob unsere Gespräche im Radio gesendet werden können. Wie funktioniert das, und wer soll sie zusammenschneiden?
Wenn er das hört, wird er es bestimmt als Drohung verstehen. Ich weiß nicht, wie er reagieren wird. Ich habe Angst, dass er total Amok läuft, aber andererseits hat sich die Situation ja geändert.
Ich hoffe, dass ich momentan die Stärkere bin und dass ich deshalb besser mit seinem Verhalten zurechtkommen werde.
Aber es gibt da auch ein paar Dinge, die ich am liebsten NICHT mehr hören möchte und die andere auch nicht hören sollen. Unter anderem das mit dem Abend, an dem ich dich angerufen habe, als er hier war. Er soll nicht wissen, welche Macht er über mich hat, und ich möchte auch nicht,

dass andere das erfahren, falls ich in der Sendung wieder erkannt werde.

Ich habe Zweifel, was die Briefe betrifft, die ich dir geschrieben habe. Ist es für andere nicht schwer zu verstehen, was ich schreibe? Ich stehe der Idee, das zu senden, nicht negativ gegenüber, ich bin nur etwas nervös. Vielleicht hilft so eine Sendung ja auch, ihn längere Zeit auf Abstand zu halten.

Wieder erkannt werden – das ist eine Chance und ein Risiko zugleich. Ich überlege oft, ob ich anderen erzählen soll, was passiert ist. Aber aus irgendeinem Grund schaffe ich es nicht. Es wäre leicht, wenn andere über das Radio davon erfahren würden, aber ich entscheide mich ja nicht immer für den leichtesten Weg. Ich habe auch ein bisschen Angst, weil ich glaube, jetzt ein „gleichwertiges" Verhältnis zu meinen Mitmenschen zu haben, das dann kaputtgehen würde. Ich sehe mich in den Augen anderer wohl immer noch als verdorben.

Meine Mutter hat mehrere Male angerufen, sie muss bald wieder in die geschlossene Abteilung. Mein Bruder ist zäh und wunderbar. Ich mag ihn so gern, und mir wird ganz warm, wenn ich an ihn denke. Wenn er meint, dass sie zu viel trinkt oder sich „wunderlich" benimmt, wie er sagt, droht er damit, zu seiner Pflegefamilie zu fahren. Wenn das nicht hilft, ruft er die Pflegefamilie an, sie kommen gern, um ihn zu holen. Momentan ist er bei ihnen.

Ich bin meiner Mutter gegenüber sehr hart und kalt, und das tut mir etwas weh. Aber ich kann nicht ihr und mir helfen. Leider.

Warum willst du das eigentlich senden?

Du darfst ihn nicht als Ungeheuer hinstellen. Das würde

ein falsches Bild von ihm geben, denn er hat auch viele gute Seiten. Ihr habt ja nur meine Version. Das, was passiert ist, ist manchmal auch passiert, weil ich ein Miststück war, das alles kaputtmachte, brüllte und schrie und zu anderen UNFREUNDLICH war. Besonders meine Mutter hat das erlebt, aber ich habe bestimmt auch meinem Vater Ärger gemacht. Ich war ganz bestimmt kein Engel.

Ich möchte gern im Voraus wissen, wann ihr das sendet, damit ich Zeit habe, ihm davon zu erzählen. Da seine Reaktion sehr heftig sein kann, hoffe ich, dass ihr es bald macht, denn momentan habe ich einen Kraftüberschuss und den festen Willen, mit ihm fertig zu werden. Es wäre naiv zu glauben, dass das so bleibt, und es wäre ebenso naiv zu glauben, dass der Kampf hier aufhört. Vermutlich werde ich immer vor ihm auf der Hut sein und immer darauf vorbereitet sein müssen, dass er plötzlich wieder vor mir steht.

Uff – ich fühle mich fantastisch und bin kurz davor, den Bodenkontakt zu verlieren. Immer noch, wenn ich daran denke, dann ... dann werde ich froh und stolz, aber ich habe auch ein bisschen Angst.

Aber vielleicht ist das eine Angst, die notwendig ist!!

Nanna

Auszug aus einem Radiogespräch vom 8.9.96

– Ich habe mich über deinen Brief gefreut. Du hast viele gute Überlegungen angestellt. Wenn es dir recht ist, dass die Gespräche und Auszüge aus den Briefen gesendet werden, wirst du das Ganze zur Genehmigung zugeschickt bekommen. Mit ein paar kleinen Tricks können wir dir zu einem Höchstmaß an Anonymität verhelfen, aber diejenigen, denen deine Stimme und deine Stimmführung vertraut sind, werden dich wieder erkennen können oder zumindest merken, dass da jemand spricht, den sie kennen. Ich finde es richtig, deinen Vater über deinen Entschluss zu informieren. Natürlich weiß ich nicht, wie er reagieren wird. Aber er weiß, dass wir miteinander sprechen.

Ich bin nicht deiner Meinung, dass wir das Gespräch, das wir geführt haben, als er vor deiner Tür stand, auslassen sollten. Deine Angst spürt man in allen Gesprächen, aber gerade in diesem Gespräch hast du auch Stärke gezeigt.

– Er ruft an und schreibt und fragt mich die ganze Zeit: „Wer weiß etwas, und was hast du erzählt?" Er war platt über meine Antwort. Ich sehe ihn jetzt auch anders. Er hat es genossen, die Macht zu haben, und jetzt genieße ich es, sie zu haben. Das habe ich ihm auch gesagt!

Über viele Jahre war er jedoch auch DER Mensch, auf den ich mich verlassen konnte. Irgendwie mag er mich. Ich konnte ihn immer anrufen. Als ich drogenabhängig war, hat er mich geholt, ohne die Situation auszunutzen. Er hat mir auch das Gefühl gegeben, gern mit mir zusammen zu sein – als Vater und Tochter.

– Das bezweifle ich nicht. Das Bedauerliche ist, dass er dir ebenso viel Leid zugefügt hat, wie er dich geliebt hat.

– Ich glaube, dass er sich schämt und dass er das Geschehene für unmoralisch hält. Er hat mich davon überzeugt, dass es nicht normal ist, wenn ich ihn mit Dreck bewerfe, denn damit treffe ich mich ja auch selbst.

– Aber der Erwachsene hat doch das Kind missbraucht, oder?

– Ja, aber ich habe mitgemacht, und das was falsch.

– Wie kannst du sagen, dass du auch Verantwortung dafür trägst, warum tust du das?

– Darauf kann ich nicht antworten.

– Das ist doch Quatsch.

– Du kannst das senden, möglichst bald.

– Ich will, dass das gut gemacht wird, dabei soll nicht geschlampt werden. Außerdem möchte ich auch gern deinen Vater hören. Sag ihm, dass ich mit ihm sprechen möchte.

– Das traut er sich nicht, aber es täte ihm gut.

Nanna lacht.

Brief vom 11.9.96

Hei Tine,

da war so viel, das ich dir Sonntag nicht erklären konnte. Deshalb versuche ich es jetzt und setze mit diesem Brief unsere Unterhaltung fort. Es ist ein großer Vorteil zu schreiben, denn so habe ich die ganze Zeit das „Wort".

Am Sonntag habe ich in „Tvaers" ein Gespräch (über Inzest) gehört, und ich konnte das Mädchen und ihren Wunsch, dass ihre Mutter verstehen möge, was passiert ist, gut nachempfinden. Es muss furchtbar sein, unter dem gleichen Dach wie der Vater zu leben. Da hatte ich mehr Glück, dass ich nur zeitweise bei meinem Vater wohnen musste.

Es wäre auch leichter für sie, wenn ihre Mutter ihr klar sagen würde, ob sie wusste, was vor sich ging, anstatt sich in Vagheiten zu flüchten.

Das hört sich ja supergut an, dass die Liebe einer Mutter

das Größte ist und dass sie einem sehr nahe steht. Findet man dann plötzlich heraus, dass das gar nicht stimmt und dass die Nähe, von der man sich eingebildet hat, sie sei da, niemals vorhanden war, bleibt da ein riesengroßer Leerraum, der nicht von anderen ausgefüllt werden kann. Ich glaube aber, man kann lernen, damit zu leben.

Es ist sehr wichtig, dass die Mutter einen mag und dass sie einen für „okay" hält, weil man selbst große Verachtung für sich empfindet.

Es ist mir sehr schwer gefallen, mich von meiner Mutter zu lösen. Je älter ich wurde, desto wichtiger wurde es für mich, mich auf sie und darauf verlassen zu können, dass sie es mir gesagt hätte, wenn sie gewusst hätte, was passiert war. Aber ihr Schweigen hat auch mit dazu beigetragen, dass ich ihn nicht abweisen konnte.

So etwas hörte ich auch bei dem Mädchen heraus.

Du hast mich nach seinen guten Seiten gefragt.

Mir ist klar, dass das für dich merkwürdig klingt. Er war ein großer Junge, der gern spielte, las, ins Kino oder mit auf den Spielplatz ging und so weiter, und ich kann mich nicht daran erinnern, dass es Hinweise darauf gab, dass danach etwas „passieren" sollte.

Ich mache einen Sprung in meinem Brief.

Ich kann nicht sagen, was am meisten wehgetan hat: der Schmerz oder die Angst. Während es passierte oder danach. Der Schmerz: Es tat so furchtbar weh, so weh, dass ich es nicht beschreiben kann. Ich bekam kaum Luft, vor meinen Augen tanzten gelbe und schwarze Punkte. Wenn ich Glück hatte, wurde ich ohnmächtig. Es fällt mir immer noch sehr schwer, davon zu erzählen, ohne Magenkrämpfe zu bekommen. Deshalb schreibe ich nichts mehr darüber. Es tat einfach WEH.

Die Angst: Was würde nächstes Mal passieren und was, wenn andere sehen würden, was passierte?

Manchmal hatte ich solche Angst zu sterben, kaputtzugehen, aber ich hoffte es auch. Die Angst, ihn nicht zufrieden stellen zu können, sodass er wütend würde und mich bestrafen müsste, oder dass er seinen Ärger an meiner Mutter auslassen würde.

Ich fand es beschämend und eklig, wenn er mich ansah oder wenn ich ihn ansehen sollte.

Wir waren ja beide Teil von etwas Verbotenem und Ekligem.

Oft stand von vornherein fest, wann ich zu meiner Mutter zurücksollte, sodass die Angst und der Schmerz zeitlich begrenzt waren.

Immer wieder war ich von Freitag- bis Sonntagabend bei ihm. Ich schaffte es, einen Teil von mir abzuspalten, wenn ich Freitagabend die Treppe hinunterging, und diesen Teil erst am Sonntagabend wieder hervorzulassen, wenn ich in meinem Bett bei meiner Mutter lag. Dann habe ich oft ein bisschen geweint.

Nachdem es vorbei war, war der Schmerz sehr stark. Ich hatte große Angst, wenn ich länger blutete. Ich war davon besessen, Blutflecken aus meinen Sachen zu waschen.

Die Angst, andere könnten meine Schmerzen bemerken, und die Angst, was dann passieren würde.

Die Angst, dass er darüber reden würde.

Die Angst, dass meiner Mutter etwas passieren könnte und ich ganz bei ihm wohnen müsste.

Die Angst vor dem nächsten Mal.

Die Scham vor anderen, selbst wenn sie nichts wussten.

Wenn es vorbei war, waren der Schmerz und die Angst genauso schlimm, sie waren auf unbestimmte Zeit da.

Vielleicht vergisst man manches von dem, was passiert ist, aber ich glaube einfach nicht, dass man das Vorher, das Geschehen selbst und das Nachher, den Schmerz und die Angst vergessen kann.

Ich bin sehr froh, dass du mir noch immer zuhörst.

Ich habe dich gebraucht, wenn er hier war.

Ich stelle mir vor, dass ich dich anrufe und dir erkläre, warum ich ihm die Macht überlasse. Und das ist fast ebenso schwer, wie wenn ich dich wirklich anrufen würde. Ich werde ... wütend, enttäuscht, verletzbar, stolz, beschämt, eine Mischung aus allem, und das gibt mir die Kraft, ihm gegenüberzutreten.

Diese Stärke habe ich nur durch dich, und vielleicht ist das eine „billige" Lösung, vor allem dass ich das einfach akzeptiere. Irgendwann einmal werde ich hoffentlich selbst die notwendige Stärke aufbringen.

Ich muss akzeptieren, dass ich nicht stark genug bin, selbst damit zurechtzukommen.

Zwischendurch habe ich auch das Gefühl, mich selbst zu verraten. Das, was ich mein ganzes Leben versucht habe geheim zu halten, enthülle ich jetzt.

Alles, was passiert ist, ist in meinen Augen unmoralisch, aber was es auch ist, ich habe mitgemacht. So wird jede Beschuldigung und jeder Angriff gegen ihn auch zu einem Angriff gegen mich.

Falls das unlogisch klingt, schreibe ich dir jetzt etwas, das noch viel unlogischer ist.

113

Ich weiß immer noch nicht, ob es sich so verhält. Aber in letzter Zeit ist mir der Gedanke gekommen, dass wir aufgrund der Tatsache, dass wir etwas Unmoralisches zusammen erlebt haben, eine Zusammengehörigkeit entwickelt haben. Selbst wenn er vielleicht die volle Verantwortung trägt, sind wir auf die eine oder andere Weise miteinander verbunden.

Wenn ich das nächste Mal von ihm höre, werde ich ihm sagen, dass du ihn anrufen willst. Ich bin gespannt, was er dazu sagen wird.

Nanna

Da wir etwas Unmoralisches zusammen erlebt haben, haben wir eine gewisse Zusammengehörigkeit entwickelt. Selbst wenn er vielleicht die volle Verantwortung trägt, sind wir auf die ein oder andere Weise miteinander verbunden." Das ist sehr, sehr wichtig.

Deshalb fühlst du dich auch mitverantwortlich. Deshalb hast du eine so geringe Meinung von dir. Und deshalb ist es so wichtig, dass deine Mutter dir zeigt, dass sie etwas von dir hält. Deine Wut ist die Sorge darüber, sie dadurch verloren zu haben, dass sie dir den Rücken zugewandt hat. Ich glaube, dass ihr einander näher kommen könnt, indem ihr euch erzählt, was jede von euch weiß. Ihr teilt nicht das Unmoralische miteinander, ihr teilt die Sorge. Ihr Angriff gegen dich ist auch Ausdruck ihrer Verzweiflung über sich selbst.

Du hast eine innere Stärke, du lehnst dich leicht an mich und erlebst, dass ich nicht gefährlich bin. Das macht dich stark.

Die Zeit danach

An dem Tag, an dem Nanna zu ihrem Vater hinunterging, ihm in die Augen sah und ihn aufforderte zu gehen, wusste sie, dass es keinen Weg zurück gab. Keine einfachen Lösungen.

Seit diesem Tag hat sich unsere Beziehung verändert. Nanna begann, von Kindheitserlebnissen zu schreiben, um anderen Frauen in der gleichen Situation zu helfen.

Wir haben oft miteinander gesprochen, aber auf einer anderen Ebene, auch außer der Sendezeit von „Tvaers".

An einem Sonntag haben wir uns in unserem Gespräch auf die Mutter konzentriert, auf diese zerbrechliche Frau, die ein ganzes Leben dafür gebraucht hat, sich vor sich selbst zu schützen.

Auszug aus einem Radiogespräch vom 29.9.96

Anfangs reden wir lange über beschützen im Allgemeinen. Wir sind im alten Fahrwasser.

– Hat sie dir geglaubt damals, als du deinen Vater angezeigt hast?
– Nein, ich denke nicht.

– Warum nicht?

– In ihren Augen hat er ja viel für uns getan, uns immer geholfen.

– Sie konnte die Vorstellung nicht aushalten, dass er auch noch etwas anderes sein könnte als der nette Mann?

– Bestimmt, und außerdem fühlt sie sich von ihm abhängig, sie hat Angst, ihn zu verlieren.

– Hast du dir mal überlegt, ob deine Mutter wirklich so schwach ist, wie du sie darstellst?

– Das hat sie doch immer gezeigt, das glaubt sie doch selbst.

– Aber das ist doch auch eine Art, Verantwortung von sich abzuweisen?

– Hmm ... ich weiß auch nicht, inwieweit ich sie jetzt noch brauche. Es fällt mir sehr schwer, meine Mutter wie einen erwachsenen Menschen zu behandeln. Vielleicht habe ich ihr nicht so viele Chancen gegeben. Ich hatte ja auch Angst vor ihren Krankenhauseinweisungen. Einmal war sie mehrere Monate im Krankenhaus.

– Meinst du, die Ärzte kennen den Grund für ihre Zusammenbrüche?

– Mir haben sie nie Fragen gestellt.

– Und du glaubst nicht, dass sie irgendetwas gesagt hat?

– Nein, das glaube ich nicht. Ich weiß nicht, was für sie schlimmer wäre, nichts zu wissen oder die Wahrheit zu erfahren.

– Und was ist mit dir?

– Muss ich antworten?

– Ja, ich würde es gern hören.

– Vielleicht mache ich mir falsche Hoffnungen, aber ich habe mich nun mal dafür entschieden, mit dieser Hoffnung zu leben. Es wäre einfach zu hart zu erfahren, dass sie alles gewusst hat.

– Das kann ich verstehen, aber du siehst deine Mutter ja sehr klar. Würdest du sie weniger mögen, wenn sie sagen würde: „Ja, ich habe es gewusst?"

– Darauf kann ich nicht antworten. Ich mag sie irgendwie, ich vermisse sie auch ... Tine, wenn sie es wusste, warum hat sie dann damals keine Fragen gestellt?

– Das weiß ich nicht, sie hatte wohl Angst.

22.9.96

Hei Tine,
ich weiß noch ein paar Dinge aus meiner Kindergartenzeit um 1980.

Ich kann mich an einen Tag erinnern, an dem ich mir die Knie aufgeschlagen hatte. Eine der Kindergärtnerinnen wollte die Wunde säubern. Sie nahm mich mit in den Waschraum und ich merkte, dass mein Verhalten sie sehr irritierte.

Da ich einige Tage zuvor bei meinem Vater gewesen war und er mir auf den Rücken und auf die Beine geschlagen hatte, konnte ich ja nicht die Hosen ausziehen, denn dann hätte sie die Striemen bemerkt.

Ich saß in einer Ecke und weigerte mich, sie auszuziehen. Irgendwann ging sie, da sie, so pampig wie ich war, nicht mit mir streiten wollte. Ich erinnere mich, dass ich lange draußen saß, da es mir einerseits Leid tat, ich andererseits aber auch sauer war.

Auf andere wirkte ich sehr mürrisch und abweisend. Ich war auch ein bisschen neidisch auf die „lieben" Kinder, die bei den Erwachsenen auf dem Schoß saßen und mit ihnen herumalberten. Oft schlug ich diese Kinder später, und die Erwachsenen waren dadurch noch irritierter über mein Verhalten.

Ich wollte auch gern umarmt werden, konnte es aber nicht zulassen, da ich Angst hatte, dann etwas zu erzählen.

Wenn mein Vater mich abholen kam oder auf Elternabenden war, waren die Kindergärtnerinnen und die Lehrer sehr viel netter – auch mir gegenüber. Mir war schon früh klar, dass meine Mutter nicht sehr stark war, und in diesem Glauben wurde ich von ihnen noch bekräftigt. Oft bekam ich zu hören, dass ich froh sein sollte, dass mein Vater so viel für mich zu tun bereit war, da meine Mutter dazu ja offensichtlich nicht in der Lage war.

Ich habe nie geglaubt, dass andere mich vor ihm beschützen könnten. Sie zeigten ja, dass sie ihn mochten.

Ich war froh, in die Schule zu kommen. Ich fand schnell heraus, dass ich die anderen auf Abstand halten konnte, indem ich Ärger machte, und fast immer habe ich durch diesen Ärger das bekommen, was ich wollte: nämlich einen Anschiss. Oft wurde ich zum Direktor hochgeschickt. Aus dem einen oder anderen Grund gefiel es mir, wenn er mich ausschimpfte.

Ich weiß nicht, was sie hätten machen können oder wie sie mich hätten zum Reden bringen können. Ich verwendete ja unglaublich viel Energie darauf, alles geheim zu halten. Ich hielt es nicht für möglich, dass es auch anders sein könnte.

Es gab keinen Erwachsenen, zu dem ich ausreichend Vertrauen hatte, um ihm davon zu erzählen. Entweder waren die Erwachsenen betrunken, high, und hatten nicht einmal ihr eigenes Leben richtig im Griff (diese Erwachsenen fand ich lächerlich, zu ihnen zählt auch meine Mutter), oder sie gehörten zu den „gefährlichen" Personen. Die „Gefährlichen" versuchte ich zu testen, indem ich Dummheiten machte wie beispielsweise andere Kinder verhauen, Schule schwänzen, stehlen, abweisend oder aggressiv sein, trinken und Hasch rauchen. Das brachte mir immer eine Moralpredigt ein und die Ermahnung, dass man sich so nicht aufführen könne. (Was mir durchaus bewusst war.)

Hinterher wurde ich oft gefragt, warum ..., und da habe ich nie viel gesagt, denn diese Leute waren ja so, wie meine Mutter es mir erzählt hatte. Aus allem, was man mit ihnen zu tun hatte, entstanden einem nur Schwierigkeiten. Man konnte den Kontakt mit ihnen nicht umgehen, aber man konnte ihn so schnell wie möglich durchstehen.

Ich kann mich nicht erinnern, ob mich mal jemand gefragt hat, was bei meinem Vater passierte, und ich hätte auch alles geleugnet.

Mir ist immer gesagt worden, dass ich VIEL älter wirke und aussehe, als ich bin. Früher war ich froh darüber, aber jetzt macht es mir ziemlich viel aus. Gestern hat mich einer über 30 geschätzt. DEPRIMIEREND!

Es ist gut, dass die anderen nicht in mein Inneres sehen können, denn da habe ich Ähnlichkeit mit einer 80-jährigen.

Ich wäre froh, eine Antwort zu wissen, wie man denen, die das Gleiche wie ich erleben oder erlebt haben, helfen kann. Oder anderen Mädchen sagen zu können, was sie tun müssen, aber leider kann ich das nicht.

Hätte ich etwas erzählt, wäre ich für eine ziemlich lange Zeit von ihm und meiner Mutter getrennt worden.

Ich bin mir nicht sicher, was für mich schlechter gewesen wäre. Ihnen weggenommen zu werden oder alles durchzustehen, was ich durchgestanden habe. Ich habe durch das Erlebte auch Stärke gewonnen. Unter anderem einen starken Überlebenswillen.

30.9.96

Hei Tine,
hier kommt ein „Nachtgruß".

Ab und zu habe ich „furchtbare" Nächte, und so eine Nacht ist heute. Ich habe Angst, ohne einen bestimmten Grund nennen zu können. Das ganze Leben ist gefährlich.
Wird es denn nie normal werden?
Heute Nacht bin ich schreiend aufgewacht, schweißnass und total erschüttert. Wenn das passiert, schaffe ich es jedoch, mir Papier zu holen. (Es liegt immer neben meinem Bett.) Und das Licht anzumachen.
Viel schlimmer ist es, wenn ich dadurch aufwache, dass ich fast keine Luft mehr bekomme. Dann liege ich nur ganz still da, wage kaum zu atmen, und mein Herz hämmert und poltert beängstigend. Mir ist übel, und ich habe die ganze Zeit das Gefühl, mich übergeben zu müssen, aber ich traue mich nicht, etwas zu tun. In so einem Augenblick bin ich bereit zu sterben – aber das traue ich mich auch nicht, denn es ist wichtig, 100-prozentig auf alle Geräusche und auf das, was möglicherweise passiert, zu hören.
Gerade jetzt würde ich alles dafür geben, aus dieser Situation gerettet zu werden.

Scheiße ... ist das unangenehm!
Wie du vielleicht aus meinen Worten hören kannst, habe
ich ziemliche Panik. Wenn es nur keine solchen Nächte
mehr gäbe.

3.10.96

Noch ein Nachtgruß.

Ich versuche, mich zu beruhigen und meiner Panik Herr zu
werden.
Als ich das erste Mal angerufen habe, rechnete ich damit,
dass es sich dabei um eine einmalige Unterhaltung handeln
würde. Das Gespräch war anonym, und du warst angenehm
weit weg. Das bist du jetzt nicht mehr.
Ich habe angerufen, weil ich ihn loswerden WOLLTE, mir
jedoch klar war, dass ich es allein nicht schaffen würde. Ich
rechnete eigentlich nicht damit, dass du „eine Antwort auf
das Ganze" haben könntest, und doch hatte ich die Hoffnung, allein durch das Sprechen darüber stärker zu werden.
Leider passierte genau das Gegenteil.
Mit der Psychologin geht es mir ähnlich, deshalb habe ich
auch einige Stunden bei ihr abgesagt. Ich mag ihr einfach
nicht zuhören oder von den Sachen hören, über die sie
sprechen will.
Ich brauche etwas Zeit, werde aber natürlich weiter alles
tun, um ihn von mir fern zu halten.
Ich habe Schwierigkeiten, das zu erklären, aber das Beste,
was ich momentan tun kann, ist, nichts zu tun. Ein bisschen
„Gleichgültigkeit" tut mir gut.

Vor einigen Jahren hatte ich, ebenso wie jetzt, Panik vor der Panik.

Oft ging vieles gleichzeitig schief, und es war meine Schuld, dass es so lief. Oft wusste ich schon im Voraus, was bei einer Sache herauskommen würde, zog sie aber trotzdem durch. Ich konnte das Warten, dass vielleicht etwas passieren würde, einfach nicht aushalten. Also habe ich etwas Verrücktes angestellt, damit etwas passierte.

Jetzt versuche ich, gar nichts zu tun.

Vielleicht entscheide ich mich bei meiner Mutter auch für die „billige" Lösung. Irgendwann werde ich ihr etwas sagen müssen. Aber momentan ist noch nicht der richtige Zeitpunkt.

Ich freue mich sehr darauf, dass mein kleiner Bruder in den Herbstferien zu mir kommt. Ich habe für ihn ein Fahrrad ausgeliehen, und wir werden Badminton, Volleyball und Hockey zusammen spielen.

Ich versuche, mich zu beruhigen und meiner Panik Herr zu werden. Ich bin schon leicht weggetreten vor lauter Ruhe, aber ein bisschen Gleichgültigkeit kann ja nicht schaden.

Vielleicht klinge ich negativ, aber das bin ich eigentlich nicht. Ich bin ein wenig gleichgültig und resigniert, aber auf eine angenehme Art und Weise.

Nanna hat zugestimmt, dass ihre Geschichte, zusammengestellt aus Gesprächs- und Briefauszügen, in einer eineinhalbstündigen Sondersendung im Oktober ausgestrahlt wird. Sie wird ihren Vater darüber informieren und ihn bitten, sich die Sendung anzuhören. Die Mutter hört nie

Radio, und der kleine Bruder hat an dem Sonntag, an dem wir senden werden, seinen Sportabend.

Sie ist nervös, bittet uns aber zu keinem Zeitpunkt, alles abzublasen. Wir haben ihr die Möglichkeit gegeben, bis zur letzten Minute, bis P4 in den Äther geht, alles absagen zu können.

Brief vom 11.10.96

Hei Tine,

früher habe ich große Angst vor ihm gehabt, und die habe ich auch jetzt noch. Ich bin mir nicht sicher, ob ich bereit bin, die Konsequenzen zu tragen, die vielleicht mit der Radiosendung verbunden sein werden. Irgendetwas in mir sagt: „Nein, niemand darf davon erfahren, egal ob ich erkannt werde oder nicht."

Ich habe auch ein bisschen Angst, was er machen wird.

Im Moment würde ich ihn am liebsten umbringen. Nicht weil ich mir seinen Tod wünsche, sondern um Ruhe zu haben.

Du hast bestimmt von den drei Brüdern aus Hobro gelesen, die ihren Vater erschlagen haben? Ich habe gelesen, dass ein paar Leute versuchen, die drei Brüder zu entlasten. Meine Tat würde KEINER entschuldigen. Noch nicht einmal du!!

Entscheide ich mich für diese Lösung, kenne ich die Konsequenzen und entscheide mich auch für sie. Ich kann akzeptieren, dass es einen Grund gibt, warum ich ihn umbringe, aber nicht, dass dieser Grund als Entschuldigung dient. Es wäre ja eine sehr bewusste Tat, und ich könnte nicht sagen, dass sie nicht geplant war. Meine Tat wäre falsch, ungeachtet der Gründe für die Tat.

Während ich schreibe, ist es mir übrigens oft ziemlich gleichgültig, ob du mich verstehst oder nicht. Das ist dein Problem.

Wenn ich schreibe, habe ich größeren Abstand zu dem, was passiert ist, als wenn ich darüber rede. Ich muss dich etwas auf Abstand halten; du bist gefährlich für mich, weil du so viel weißt.

Wie du hören kannst, bin ich leicht sauer. Das hat nichts konkret mit dir zu tun, sondern damit, dass ich dir weiter schreibe, obwohl ich es eigentlich nicht will.

Auf meinem Rücken sollte groß IDIOT stehen!

Schon als Kind hatte ich Angst, nicht mehr aufhören zu können, wenn ich erst einmal anfange zu reden.

Gut, darüber war ich mir vor einem Jahr nicht klar, sonst hätte ich dich nicht angerufen.

Ein bisschen bin ich auch sauer, dass du nicht gesagt hast, ich solle nicht mehr schreiben oder anrufen.

Ich glaube nicht, dass ich dir noch einmal schreiben werde.

Lass es gut sein, Honey. Ich bin auf dem Weg zu einem Sommerhaus in der Nähe deines Wohnorts. Ich habe dir nichts von meinem Plan erzählt. Ich habe mir überlegt, dich in ein gutes Restaurant zum Essen einzuladen und mir deine Meinung zu dem Band anzuhören, das ich dir zum Abhören zugeschickt habe. Gitte Løkkegaard (Journalistin und Redakteurin bei P4), mit der du auch gesprochen hast, hat alles so gut geschnitten, dass du gebannt dasitzen und dich wundern wirst, wie besonnen, scharf blickend und hin und wieder lustig (!) du bist.

Natürlich ist es schwer, und die Angst plagt dich. Aber du hast dich nun einmal für den schweren Weg entschieden, dir und deinem Vater in die Augen zu sehen. Ob du ihm wohl davon erzählt hast?

Brief vom 20.10.96

Als du gestern angerufen und mich eingeladen hast, schlief ich noch, und das war gut so. Eigentlich hatte ich vor, die Einladung abzulehnen, aber heute bin ich froh, dass ich gekommen bin. Ich will nicht behaupten, dass unser Treffen entspannt und einfach war, aber irgendwie war es befreiend.

Es ist ein merkwürdiges Gefühl, dass meine Geschichte im Radio gesendet wird; ich schiebe den Gedanken ein wenig weg, ich habe noch nicht richtig dazu Stellung genommen. Habe ich ihm erst davon erzählt, gibt es keinen Weg mehr zurück.

In den letzten Tagen habe ich mir über etwas Gedanken gemacht, das vielleicht ein bisschen merkwürdig klingt. Aber es ist auch etwas Richtiges daran.

Ich schreibe jetzt etwas Merkwürdiges! Klar?

Wenn all diese hässlichen Dinge passieren sollten, ist es vielleicht gut, dass sie so oft passiert sind. Dadurch habe ich schnell gelernt, damit zu leben.

Du hast dich einmal darüber gewundert, dass wir nicht zu den „auffälligen" Familien gehörten, sondern zu den ruhigeren.

Ich glaube, unsere Nachbarn haben nie gemerkt, dass wir abends allein waren. In unserer Nachbarschaft gab es viele Kinder, die auch allein waren. Meine Mutter blieb oft bis 21 oder 22 Uhr bei uns, bevor sie ausging; wir waren nur allein, während wir schliefen. Oft stand sie auch morgens auf, bevor wir losmussten, und packte die Tasche für meinen kleinen Bruder, und hin und wieder hat sie ihn auch in den Kindergarten gebracht.

In den letzten Tagen habe ich aus dem einen oder anderen Grund an ein Mädchen denken müssen, das ich als Kind kannte. Sie wohnte zusammen mit ihren Eltern und Geschwistern in der Parterrewohnung.

Ich habe nie jemand getroffen, der so kalt war ... kalt ist nicht das richtige Wort, aber auf die eine oder andere Weise genügte sie sich selbst. Ich hatte den Eindruck, dass sie lieber allein als mit uns zusammen war und dass sie gern allein war. Sie konnte auch gut mit uns zusammen spielen, aber wir sollten zu ihr kommen. Sie kam zunächst nicht zu uns, da sie gut ohne uns auskam.

Sie konnte mehrere Tage hintereinander draußen im Garten sitzen und lesen oder zeichnen.

Eine Zeit lang war ich viel mit ihr zusammen. Wir saßen oft draußen auf den Mülltonnen und redeten miteinander. Auf eine Weise war sie viel zu ernst und nachdenklich.

Im Verhältnis zu ihrer Mutter trank meine Mutter nicht. Ich habe ihre Mutter fast nur stockbesoffen auf dem Sofa liegen sehen, mit einer Masse leerer Schnapsflaschen um sich herum. Sie sah sehr hässlich aus, und es roch immer nach schmutzigen Socken und altem Tabak bei ihnen.

Es war ihr Vater, der sie manchmal schlecht behandelte. Ich weiß nicht, wann ich das zum ersten Mal bemerkt habe.

Wir haben viel miteinander geredet, aber nie darüber. Trotzdem haben wir einander geholfen. Zwischen uns existierte eine fast wortlose Verständigung.

Es gab eine Zeit, zu der mein Vater mich mit Vorliebe zwang, mich in eine Wanne mit kaltem Wasser zu legen. Da musste ich dann längere Zeit bleiben, und dabei fand ich heraus, dass etwas Kaltes den Schmerz nimmt; oft, wenn ich nach Hause kam, habe ich mir mit unseren Tiefkühlsachen geholfen.

Einmal, als ich zu dem Mädchen kam, lag sie im Bett, und es ging ihr sehr schlecht. Ich glaube nicht, dass eine von uns etwas gesagt hat. Ich holte ihr ein nasses, kaltes Handtuch und ging runter, um Eis zu holen, das sie sich auf den Bauch legen konnte.

Später kam sie auch oft zu mir hoch, wenn ich im Bett lag. Sie stellte nie Fragen. Das war okay. Ich bat sie manchmal zu gehen, aber sie konnte auch gut einfach in meinem Zimmer sitzen und lesen.

Ich hatte meinen eigenen Fernseher und Videospiele, und wir haben viele Stunden mit Spielen verbracht. Wir konnten uns gut allein unterhalten und erwarteten nichts voneinander. Sie zeichnete, und ich schrieb.

Einmal erwähnte sie „zufällig", dass ich meiner Mutter Binden klauen oder selbst welche kaufen könnte. Das sei leichter, als alles auszuwaschen.

Auch wenn ich nicht zu Hause war, kam das Mädchen und legte sich in meinem Zimmer hin, wenn es ihr schlecht ging. Sie nahm ziemlich früh Drogen und spritzte bald auch. Vor ein paar Jahren ist sie an einer Überdosis gestorben.

Es gab auch einen Jungen, der im gleichen Wohnblock wie wir wohnte; wir gingen in denselben Kindergarten und die ersten Jahre in dieselbe Schule.

Zu Hause bekam er von beiden Eltern viel Schläge. Ich habe oft gesehen, wie sie ihn geohrfeigt haben. Er hatte noch zwei kleine Schwestern, die genauso behandelt wurden. Oft konnten wir sie bis in unsere Wohnung weinen, rufen und schreien hören. Entweder bekamen die Kinder Schläge, oder die Eltern schlugen sich. Ich lag oft im Bett und hörte sie und war froh, dass meine Mutter allein lebte. Er hatte oft ein blaues Auge oder andere Verletzungen. Es war nicht sonderlich schwer, mit ihm auszukommen. Ich war mir sicher, dass er nie Fragen stellen würde. Ich erinnere mich an ihn als einen sehr kleinen und ruhigen Jungen, der nur das tat, was ich sagte. Als Gegenleistung beschützte ich ihn vor den anderen Kindern.

Ich muss oft daran denken, was wohl aus ihm geworden ist. Eines Tages war die Familie weg, ich weiß nicht, wo sie hingezogen ist, und habe seitdem nie mehr von ihr gehört. Das war in der zweiten oder dritten Klasse.

Wenn ich von meinem Vater nach Hause kam, schrieb ich oft das, was passiert war, auf und verbrannte es dann. Dann war es zwar nicht aus meinen Gedanken ausgelöscht, aber irgendwie abgeschlossen. Ich glaube, ich erinnere mich an so vieles, weil ich es aufgeschrieben habe, aber mir ist auch klar, dass viel passiert ist, woran ich mich nicht mehr richtig erinnern kann. Manche Erinnerungen sind zusammenhanglos, aber es ist auch etwas passiert, über das ich NIE sprechen will.

Wenn ich mich als Kind hinsetzte und schrieb, war es ein richtiges Ritual, das Geschriebene nachher zu verbrennen. Wenn ich dir schreibe, vermisse ich dieses Verbrennen etwas. Ab und zu verbrenne ich auch mal einen Brief, den ich dir geschrieben habe.

Wie habe ich mich mit meiner Mutter wegen meiner „kleinen Feuer" gestritten. Bei ihm habe ich nie geschrieben, aber in der Schule habe ich viele Stunden damit verbracht, mich in meine eigene Welt zurückzuziehen und zu schreiben.

Dieser Brief liegt in einem Umschlag in einer Schublade. Ich finde es spannend, ob du ihn jemals erhältst. Er verlangt förmlich danach, verbrannt zu werden.

Danke für gestern Abend.

Vielen Dank dir.

Ich war fast ebenso nervös wie du, als ich an der Bushaltestelle stand und zusah, wie die Fahrgäste aus dem Bus stiegen. Ich glaube, du warst die Letzte.

Ich weiß nicht, wie ich mir dich vorgestellt hatte. In der Regel frage ich diejenigen, die mich anrufen, nach ihrem Aussehen, um mir ein genaueres Bild machen zu können, aber in deinem Fall hat mich irgendetwas davon abgehalten. Vielleicht wusste ich, dass du lachen und mich damit abfertigen würdest, dass man das nicht beschreiben kann.

Du warst kleiner, dünner und schüchterner, als ich mir dich vorgestellt hatte. Du sahst mir nicht in die Augen, als wir uns begrüßten, deine Hand lag schlaff in meiner, und ich konnte dein Gesicht fast nicht sehen, es war von Haaren verdeckt. Du trugst einen langen Mantel, der besser zu einer Frau meines Alters gepasst hätte, und als wir ins Restaurant kamen und die Mäntel ablegten, erinnerte deine Kleidung an die unförmigen grauen Stücke, die man in Secondhandläden finden kann. Ein langärmliger, hochgeschlossener Pullover, Stiefel und lange Hosen/Gamaschen, die man fast nicht sehen konnte, da deine Jacke bis weit über den

Po reichte. Deine Figur war nicht zu sehen. Du hattest dich in deinen Kleidern versteckt.

Ich hatte ein gutes Restaurant mit einem großen Tisch und gedämpfter Beleuchtung gewählt, damit wir in Ruhe und Frieden sitzen konnten. Wir bestellten das Menü, ich erzählte dir ein bisschen von meinem Geschreibe, mit dem ich mich im Moment beschäftige, sowie andere, deine Geschichte nicht betreffende Dinge. Vielleicht hatten wir einen guten Rotwein, vielleicht wurdest du lockerer, als wir über irgendetwas lachten, plötzlich hobst du den Kopf und sahst mir in die Augen. Das war schön; ich stellte fest, dass du ein anmutiges Gesicht hast, schmal und ernst, und einen hinter deiner zurückhaltenden Ausstrahlung versteckten Humor. Dann begann unser Gespräch, nicht direkt befreiend, aber wir konnten sehr direkt und offen über die Radiosendung reden, in der du die Hauptperson sein sollst. Du hattest dir das Band angehört und kamst mit ein paar Einwänden; ich konnte merken, dass es dir sehr schwer gefallen war, dir unsere Gespräche anzuhören. Ich glaube, es tat dir gut, mit einer der „gefährlichen" Personen zu sprechen. Auch für mich war unser Treffen bedeutungsvoll, denn so konnte ich mir später immer dein Gesicht vorstellen, wenn wir miteinander telefonierten. Ich hatte schon gelernt, aus deiner Stimme auf deinen Gemütszustand zu schließen, aber dich gesehen zu haben machte mich noch hellhöriger.

Ich habe mich über den Abend sehr gefreut.

Brief vom 23.10.96

Hei Tine,
ein kleiner Nachtgruß.
Uff – hab ich eine Angst vor Sonntagabend und den darauf
folgenden Tagen.
Ich habe gerade mit ihm gesprochen und ihm erzählt, dass
unsere Geschichte im Radio gesendet wird; er hat mir nicht
geglaubt. SCHEISSE, jetzt tut es mir Leid, aber jetzt führt
auch kein Weg mehr zurück. Es wäre eine Niederlage, wenn
ich alles abblasen würde. Ich habe eine Wahnsinnsangst vor
seiner Reaktion.
Früher war es einfacher und leichter. Er stellte die Regeln
auf und gab Befehle, und ich gehorchte. So war das, und so
sollte es sein ...
Mein Vater und ich haben Respekt voreinander. Mit meiner
Mutter war das anders, wir konnten uns ebenso gut schlagen wie mit Dreck bewerfen. Uns gegenseitig runterzuma-
chen hatte auch etwas Befriedigendes.
Wenn nur keine anderen Mädchen meine schwachsinnigen,
feigen und hoffnungslosen Meinungen übernehmen und
glauben, dass sie richtig sind. Kannst du diese Verantwortung übernehmen?

Der Gedanke, erkannt zu werden, macht mich etwas nervös. Es wäre ziemlich anstrengend, täglich mit Menschen
zusammen zu sein, die Bescheid wissen. Ich würde das
nicht als Hilfe, sondern als Belastung empfinden.
Als ich bei der Psychologin war, war ich verdammt sauer
auf sie – aber auch auf mich, weil ich so dumm bin, zu ihr
zu gehen. Oft sitze ich bei ihr und denke: „Was zum Teufel
machst du hier?", und am liebsten würde ich einfach gehen.

Ich habe ihr das gesagt, aber sie sagt nur, dass es schön sei, dass ich gekommen bin und bleibe. Was ich sage, kommt überhaupt nicht an. Ich sitze nur da und antworte ihr in Gedanken: „Ja, das ist unglaublich schön, dass ich so dumm bin, immer wiederzukommen."

Ich bin ein bisschen gespannt, ob ich die Konfrontation mit ihm aushalte und wie ich sie aushalte. Wenn nur alles erst überstanden wäre.

Wenn du ihn als Psychopathen bezeichnest, hältst du dann auch meine Reaktion für krankhaft?

Ich habe einmal gehört, dass Menschen, die der Gewalt eines anderen Menschen ausgesetzt waren, leicht wieder an Menschen geraten, die ebenfalls gewalttätig sind. Ich bin mir nicht sicher, andere daraufhin durchschauen zu können, was für Motive sie haben. Deshalb bleibe ich lieber allein. Wie kann man sich vor solchen Menschen schützen? Ich kann ohne weiteres allein leben, und ich will so etwas nicht noch einmal erleben.

Ab und zu habe ich gemerkt, dass meine Mutter ein wenig neidisch auf die Aufmerksamkeit war, die er mir entgegenbrachte. Ihr Neid machte mir manchmal Angst, aber ich war auch ein bisschen stolz. Wenn wir zusammen in der Stadt waren, war ich froh, dass meine Mutter ihn liebte, und stolz, sein Kind zu sein. Ich war froh, einen so klugen, schönen und reichen Vater zu haben und zu sehen, wie die anderen ihn behandelten. So etwas erlebte ich mit meiner Mutter nicht.

Jetzt könnte ich einen Schuss ganz gut brauchen. Die Ruhe und die freudige Erwartung, während man die Spritze aufzieht. Aber natürlich auch das supercoole, geile Erlebnis selbst.

War der Stoff gut, wurde, so gesehen, alles gleichgültig,

denn dann hatte ich den unrealistischen Glauben, alles zu schaffen und dass nie mehr etwas passieren würde.

Ich habe mir auch gern selbst eine Spritze gesetzt. Das war spannend.

Heute wäre ein Schuss die absolute Niederlage.

Es ist mir schwer gefallen, meine Sucht zu bekämpfen, aber es war leichter als der Kampf gegen meinen Vater. Bei den Drogen konnte ich 100 Prozent selbst bestimmen.

Nanna

NB: Ich schicke den Brief an meinen Vater mit, den ich am 24.10. in den Briefkasten stecken werde und aus dem du Teile in der Sendung bringen willst. Das ist okay.

Lieber Vater,

warum musste es so weit kommen? Ich hab dich wirklich gern und möchte dir in keinster Weise schaden.

Aber was kann ich tun, dass du mich in Ruhe lässt?

Du hast mir viele wertvolle Dinge gegeben. Warum auch das andere? Du bist ja nicht schlecht, bist es nie gewesen. Aber du liebst Schläge und das andere auch. Hast du mich geschlagen, weil du gern schlagen wolltest, oder hast du mich geschlagen, weil ich die Kleine war?

Warum schlägst du immer noch?

Du hast mir unter anderem beigebracht, an die Richtigkeit meiner Meinung zu glauben. Du hast meine Meinung ernst genommen, sie akzeptiert und als interessant angesehen. Wir saßen vor deinem Aquarium und haben uns über alles Mögliche unterhalten. Oft haben wir die großen Weltprobleme gelöst. Wir konnten lange dasitzen und über etwas Bestimmtes reden oder einfach nur still nebeneinander sitzen und deine Fische beobachten. Das war gemütlich. Diese Gespräche und Momente sind Gold wert.

Es war dir immer wichtig, dass ich lernte, die Dinge von mehreren Seiten zu betrachten und kritisch zu sein. Du hast mich darin bestärkt, dass das, was ich für richtig halte, auch richtig ist. Ich glaube, dass es dir wichtig war, mir das beizubringen. Aber ist dir auch klar, dass ich jetzt davon Gebrauch mache? Warum habe ich nie den Mut aufgebracht, dich zu fragen: „WARUM?"

Ging es mir schlecht, hast du keine Fragen gestellt, aber ich wusste, dass du Rücksicht nahmst. Dann warst du ein wirklicher, lieber Vater für mich.

Ich wusste immer im Voraus, wenn es passieren würde. Dann warst du kein richtiger Vater mehr für mich.

Warum musste es immer wieder passieren, was habe ich falsch gemacht, oder was hast du falsch gemacht?

Habe ich etwas getan, das dich zu diesem Verhalten provoziert hat? Wenn ja, möchte ich das sehr gern wissen.

Viele Stunden konnte alles in Ordnung sein, und plötzlich lief etwas schief.

Weißt du, was da ablief?

Ich glaube, es ist so, dass wir beide Hilfe brauchen. Du musst jetzt aufhören.

Ich bekomme Hilfe, um da rauszukommen. Aber auch du brauchst Hilfe, denn sonst kann es leicht damit enden, dass wir einander endgültig kaputtmachen, und das wollen wir doch beide nicht. So kann es einfach nicht weitergehen.

Du kannst von deinem Arzt eine Überweisung bekommen, du kannst mich aber auch gern anrufen, wenn du nicht mit deinem Arzt sprechen magst, dann finden wir was anderes.

Eine deiner guten Seiten ist, dass du den Menschen, mit denen du zusammen bist, das Gefühl gibst, geschätzt zu werden. Ich glaube, dass dich meine Mutter deshalb auch so sehr liebt.

Wenn wir zum Beispiel dasaßen und spielten, redeten, in den Wald gingen oder etwas anderes machten, war ich wirklich wertvoll für dich. Das konnte ich deutlich spüren. Ich hatte nie das Gefühl, dass du dich gezwungen fühltest, etwas mit mir zu machen, sondern dass du das tatest, weil du mich als den Menschen, der ich war, mochtest.

Warum konntest du mich nicht die ganze Zeit mögen?

War ich für dich dumm, eklig und wertvoll zugleich?

War ich zwei Personen?

Ich habe nie jemanden getroffen, der mir so wie du das Gefühl gegeben hat, wertvoll zu sein.

Auch du wirst mir immer viel bedeuten, wirst immer jemand sein, den ich NIE verletzen und nie verlieren möchte. Es kann sein, dass ich jedoch dazu gezwungen sein werde, wenn du mich anders nicht in Ruhe lässt. Wenn sich nichts ändert, muss ich ohne dich leben.

Schon bevor ich in die Schule kam, habe ich von dir Schreiben gelernt. Du warst – und das bist du wohl noch – unglaublich geduldig, wenn du mir etwas beigebracht hast. (Weißt du, dass ich manchmal nur so tat, als ob ich nichts verstehen würde, damit du es mir erklären konntest?)

Unsere Ferienbriefe und die Briefe von unseren Waldtouren waren so lustig.

Hast du die Briefe eigentlich noch?

Das sind einige der Erlebnisse, die ich nicht missen möchte. Du hast mich einmal aufgefordert zu schreiben, und das mache ich immer noch. Ich denke, du bist dir im Klaren darüber, dass ich als Kind sehr viel geschrieben habe. Von dir habe ich Schreiben gelernt, und das bedeutet mir ungeheuer viel.

Im letzten halben Jahr habe ich Tine Bryld geschrieben, und in diesen Briefen habe ich ihr erzählt, was passiert ist. Unter anderem darüber kannst du etwas im Radio hören. Am Sonntag, dem 27.10.96, solltest du um 20 Uhr das Radio auf DR Programm 1 einstellen.

Unangesehen, was du hörst, sollst du wissen, dass ich dich immer gemocht habe und immer noch mag.

Eine Zeit lang hast du auch viel geschrieben. Falls du das immer noch tust, fände ich es schön, wenn wir einander schreiben könnten.

Lieber Vater, es gibt so viel, das ich sagen oder wonach ich dich fragen möchte. Mein größter Wunsch ist, dass es dir gut geht.

Es wäre schön, wenn wir uns irgendwann treffen könnten und wenn dann nichts Böses mehr zwischen uns stünde. Ich kann nicht mehr auf deine Weise leben.

Ich habe mich dafür entschieden, dass diese Sendung ausgestrahlt wird, damit du endlich verstehst, dass es mir Ernst ist, wenn ich NEIN sage.

Du solltest mich nicht zwingen, noch mehr zu unternehmen, damit du mich in Ruhe lässt. Du MUSST verstehen, dass jetzt Schluss ist. Für ewig und alle Zeit.

Nanna

Sonntag, den 27.10.96, 19.45 Uhr

Nein, ihr dürft das nicht bringen!
Was ist, wenn er total durchdreht, wenn er das hört, und mich umbringt? Früher wollte ich sterben, aber jetzt habe ich Angst davor.

136

Es tut mir auch Leid um ihn.

Es ist furchtbar, dass ich ihn nicht anders dazu bringen kann, mich in Ruhe zu lassen. Das ist unglaublich furchtbar, billig und schwach.

Nein, natürlich will ich, dass er aufhört. Ich will, dass meine Geschichte anderen hilft. Ein kleines bisschen.

Ich habe beschlossen, noch mehr zu unternehmen, wenn er mich nach dieser Sendung nicht in Ruhe lässt.

Ich weiß nicht, was ich glauben soll. Irgendwie glaube ich schon, mit ihm fertig zu werden. (Mein Herz schlägt nur so.)

Jetzt im Augenblick glaube ich jedoch nicht, ihn aufhalten zu können. Er wird mein Tod sein.

Prost!

Ich weiß gut, dass ich jammere, aber das ist okay!

Ich will nicht – hört auf!

Nein, jetzt fängt es an.

Liebe Nanna,

wir waren genauso nervös wie du. Wir hatten eine direkte Linie zu dir eingerichtet und haben dich, sobald die Sendung überstanden war, angerufen.

Er hatte dich angerufen, aber nichts gesagt. Du hattest furchtbare Angst, dass er vorbeikommen würde. Was du nicht wusstest – wir hatten untersucht, ob Polizei in der Nähe war, falls etwas passieren würde. Wir hatten keinen Grund genannt, wurden jedoch beruhigt, dass ein Streifenwagen seine Runde fuhr und deine Adresse innerhalb von zehn Minuten erreichen konnte. Niemand rief in den anderthalb Stunden an, in denen du auf Sendung warst. Die jungen Journalisten, die im Sendestudio von P4 saßen, waren blass und schäumten vor Wut und Schmerz über das Gehörte. Einer packte mich und sagte, er hätte Lust, zu deinem Vater zu fahren und ihn niederzuschießen. Ich musste zugeben, dass ich genauso fühlte, aber dass das dein Problem nicht lösen würde. Du würdest dich nur noch schuldiger fühlen.

Nach der Sendung riefen mehrere erwachsene Frauen an und bedankten sich bei dir und bei P4; sie meinten, diese Sendung sei ungeheuer mutig und deine Erfahrungen entsprächen ihren eigenen.

Später am Abend, als ich dich von zu Hause anrief, konnte ich an deiner Stimme hören, dass etwas nicht stimmte. Du hattest sein Auto auf dem Parkplatz gesehen, aber er war nicht raufgekommen. Er hatte eine Stunde im Auto gesessen und war dann wieder gefahren.

Du hattest mir versprochen anzurufen, falls etwas passieren würde. Ich hatte das Telefon neben meinem Bett stehen – in dieser Nacht konnte ich nicht schlafen.

Gitte und ich haben uns viele Gedanken zu der Sendung gemacht; Gitte hat Stunden gebraucht, um alles so gut zu schneiden, dass andere es verstehen können und dass du dich nicht an den Pranger gestellt fühlst. Wir hatten unsere Zweifel, aber letztendlich war die Entscheidung richtig. Dein Brief an deinen Vater hat meine letzten Bedenken zerstreut.

Ich habe viel über deine Schuldgefühle nachgedacht, über dein Gefühl der Mitverantwortung für das Geschehene. Gerade in diesen Tagen, jetzt während ich schreibe, gab es in Peru eine Geiselnahme. Einige Geiseln wurden bereits wieder freigelassen, und das Interessante ist, dass diese Geiseln ihr Verhältnis zu den Geiselnehmern auch so beschreiben, wie ich es schon einmal gehört habe. Sie haben eine Abhängigkeit erlebt, die den Augenblick zu einem gemeinsamen, schicksalhaften Ereignis gemacht hat. Im Fernsehen verteidigen sie jetzt die Geiselnehmer und fordern zu Verhandlungen anstelle von Strafe auf. Auf uns wirkt das wie eine Verteidigung derer, die Gewalt ausgeübt haben, indem sie die Geiseln zu ihren eigenen Zwecken missbraucht haben. Die gleiche Abhängigkeit findest du im Gefängnis zwischen Wachpersonal und Häftlingen. Trotz verschiedener Positionen ist der emotionale Druck so stark, dass niemand außer den Beteiligten verstehen kann, was eigentlich abläuft.

Das trifft auch auf Kinder von alkoholabhängigen, psychisch kranken oder drogenabhängigen Eltern zu. Die Kinder sind Teil des Missbrauchs, da sie extrem stark involviert sind, und auf diese Weise Teil der gewalttätigen, grenzüberschreitenden Erlebnisse in den Familien. Deshalb fühlen sie sich mitverantwortlich. Und deshalb sind sie vor Scham bereit zu schweigen. Das ändert sich erst, wenn sie sich aus der gefühlsmäßigen Abhängigkeit befreit haben, was eine Stärke erfordert, die nur wenige aufbringen, da diese Menschen sehr einsam und leicht verletzbar sind. Sie müssen gewissermaßen umprogrammiert werden, bevor sie den Kreis zu brechen wagen.

Wir haben einmal darüber gesprochen, und ich habe den Vergleich mit Sektenmitgliedern angebracht, die ihre Sekte verlassen; du warst mit mir einig, dass man deine Abhängigkeit von deinem Vater ebenso betrachten kann.
Alles Gute,

Tine

28.10., 23.00 Uhr

Er ruft an, manchmal legt er den Hörer wieder auf, manchmal macht er sich Vorwürfe wegen allem, was passiert ist. Gestern schloss er mit den Worten: „Du wirst mir immer sehr viel bedeuten." Das trifft mich jedes Mal. Ich weiß, dass das so ist. Aber ich weiß auch, was ich will. Ich WILL nicht mehr, dass es noch mal passiert.

30.10.96

Montag war ein merkwürdiger Tag im Gymnasium. Ich hatte einen Kater, beobachtete jedoch aufmerksam meine Mitschüler. Die Sendung scheint bei den wenigen, die sie gehört haben, keinen bleibenden Eindruck hinterlassen zu haben. Ich glaube, dass niemand mich erkannt hat.

Jedes Mal, wenn das Telefon schellt, muss ich mir darüber klar werden, ob ich in der Lage bin, mit ihm zu reden oder nicht. Ich muss aufpassen, dass er mich nicht in einem schwachen Moment erwischt. Bevor ich den Hörer abnehme, muss ich also genau wissen, was ich ihm sagen werde, und mir stockt fast der Atem, wenn jemand anderer dran ist. Die gleichen Überlegungen stelle ich an, wenn ich das Haus verlasse oder die Tür nicht abschließe.

Gerade jetzt wünsche ich mir eine verlassene Insel, auf der ich mehrere Tage und Nächte schlafen könnte.

Hätte ich als Kind die Wahl gehabt, meinen Vater nicht mehr besuchen zu müssen – ich hätte diese Möglichkeit ausgeschlagen.

140

Mir war es immer wichtig, Zeit für mich zu haben. Nicht, weil ich nicht gern mit anderen zusammen bin, ich kann auch nicht ohne andere Menschen auskommen. Aber ich bin entspannter, wenn ich allein bin. Ich achte sehr darauf, wie es meinen Mitmenschen geht. Das ist so zu verstehen, dass ich schnell merke, in was für einer Stimmung jemand ist und wo er Schwächen zeigt. Nicht, um ihn zu verletzen, sondern um diesen Schwächen nicht zu nahe zu kommen. Meine eigene Schwäche ist gefährlich, aber ich fürchte auch die Schwächen anderer.

Ich muss mir über meine Reaktion im Klaren sein, wenn meine Mutter mir sagt, dass sie gewusst hat, was vor sich ging. Was soll ich dann machen? Eigentlich glaube ich nicht, dass ich sauer würde, aber ich würde jeglichen Respekt vor ihr verlieren, und das möchte ich natürlich nicht. Noch besteht die kleine Hoffnung, dass sie nichts gewusst hat. Gibt sie zu, es gewusst zu haben, wird diese Tür auf ewig verschlossen sein.

Meine Mutter war nicht immer betrunken, und es ging ihr auch nicht immer schlecht. Wenn es ihr gut ging, tat sie eine Menge Gutes für uns und machte viel mit uns, was die anderen Kinder sicher nie erlebt haben. Sie schlug auch nur, wenn ich sie dazu provozierte oder selbst zu schlagen anfing.

Wenn wir mit „gefährlichen" Personen zusammen waren, verhielten wir uns so, wie es von uns erwartet wurde. (Selbstverständlich war uns klar, was andere von uns erwarteten und welche Rolle wir zu spielen hatten, damit es keinen Ärger gab.)

Häufig kam meine Mutter nicht nach Hause. Ich hatte dann Angst, dass sie irgendwo betrunken herumlag. Manchmal war ich auch mit ihr gemeinsam in der Kneipe. Ich habe oft gehört, dass andere Vorurteile haben, wenn sie Kinder in einer Kneipe sehen. Ich bin froh, dass meine Mutter mich mitgenommen hat. So konnte ich mit ihr zusammen sein, und sie war auch immer nett, wenn wir mit anderen zusammen waren oder wenn sie ein paar Bier getrunken hatte. Außerdem waren die anderen Erwachsenen sehr freundlich zu mir.

Damals konnte ich immer in die Kneipe gehen, um nachzusehen, ob meine Mutter noch da war, oder um zu fragen, ob die anderen wussten, wo sie war. Ich habe Kneipengeruch immer geliebt.

Einmal, als ich sie draußen gesucht habe, wusste niemand, wo sie war. Ich hatte Angst, dass ihr was passiert sein könnte und dass sie vielleicht irgendwo lag und sterben würde. Unter anderem ging ich durch einen Park, in dem sich nach Einbruch der Dunkelheit niemand freiwillig mehr aufhält.

Sie kam erst am nächsten Tag nach Hause und war ziemlich sauer, weil man ihr erzählt hatte, dass ich sie gesucht hatte. Das war eins der ersten Male, wo wir uns geschlagen haben.

Es wurde schwieriger, als mein Bruder geboren wurde, denn jetzt musste ich ihn noch mitnehmen. Ich konnte ihn zwar auch zu einer Nachbarin bringen, aber sie war oft so stockbetrunken, dass sie nichts hörte. Trotzdem habe ich ihn einige Mal zu ihr gebracht.

Sowohl mein Bruder als auch ich sind zum einen oder anderen Zeitpunkt mit meiner Mutter allein gewesen. Oft war es schön, mit ihr allein zu sein, aber ich hatte Angst, wenn mein Bruder allein mit ihr war.

Eines Abends, als meine Mutter auf Sauftour und ich mit

meinem kleinen Bruder zu Hause war (er war noch sehr klein, das war, bevor er zu der Pflegefamilie kam), wurde er krank und bekam Fieber. Ich war total außer mir, weil ich nicht wusste, wie ich ihm helfen konnte. Ich traute mich nicht, einen Arzt anzurufen, da mir klar war, dass es nicht richtig war, dass wir ganz allein zu Hause waren. Ich telefonierte meiner Mutter hinterher, und sie kam irgendwann nach Hause und war total besoffen. Ich versuchte vergebens, sie dazu zu bringen, etwas zu unternehmen. Sie schaffte es nicht, und ich musste ihr ins Bett helfen und einen Eimer holen, während ich gleichzeitig meinen kleinen Bruder herumtrug. Er weinte, meine Mutter weinte, und ich weinte.

Nanna

3.11.96

Du erlegst mir eine Verantwortung auf, wenn du sagst, dass ich es „schon schaffen werde". Natürlich werde ich das, aber wie, verdammt noch mal?
Im Augenblick beherrscht mich die alte Unruhe, die ich von früher gut kenne. Es fällt mir schwer, still zu sitzen, und am liebsten wäre ich die ganze Zeit in Bewegung. Ich kann mich gut konzentrieren, aber eben nicht still sitzen.
Ich wäre gern mit irgendetwas beschäftigt, das meine Gedanken fesselt, sodass kein Platz für anderes bleibt. Das konnte ich als Kind, aber es ist nicht so leicht, etwas zu finden, das mich so beschäftigt.
In den letzten Tagen habe ich im Gymnasium fast jede Stunde eine Runde gedreht. Gestern war das ein bisschen

peinlich. Ich lief gerade eine kleine Runde und traf dabei dreimal unseren Dänischlehrer. Beim dritten Mal sah er mich an und wollte wissen, ob ich verrückt geworden sei oder ob ich für einen Marathonlauf trainiere.

Ich habe nie etwas dabei gefunden, anderen Kindern zu schaden, aber ich habe immer Angst gehabt, meinem kleinen Bruder wehzutun. Wenn es meiner Mutter gut ging und sie nüchtern war, kümmerte sie sich 100 Prozent um uns, doch wenn es ihr nicht so gut ging, kümmerten wir uns umeinander. Einige Male, wenn sie sehr betrunken war, kam mein Bruder zu seiner Pflegefamilie, und wenn ich Glück hatte, wurde ich nicht zu meinem Vater geschickt.
Einmal, als ich ungefähr zehn oder zwölf Jahre alt war, drehte sie total durch und schmiss mich raus. Ich wollte meinen kleinen Bruder mitnehmen, aber sie wollte ihn nicht mit mir gehen lassen. Der arme Junge, wir zerrten beide an ihm und heulten alle drei. Schließlich ließ sie mich ihn mitnehmen, gab mir aber weder Geld noch sonst etwas, auch nicht meinen Hausschlüssel. Ich ging in eine Kneipe um die Ecke, in der wir oft waren. Von dort rief ich die Pflegefamilie an, traute mich jedoch nicht zu fragen, ob ich auch mitkommen dürfte. Sie holten meinen Bruder schnell ab.
Zu dieser Zeit hatte ich es satt. Ich wollte nicht zu meinem Vater, und mir war klar, dass meine Mutter mich nicht reinlassen würde. Also ging ich in einen Hinterraum der Kneipe, in dem leere Bierkästen gelagert wurden. Ich machte mir eine kleine Höhle hinter ein paar Kästen und fand ein paar vergessene Jacken, auf denen ich sitzen konnte. Das war auch der Raum, in den viele rausgingen, um einen Joint zu rauchen. Ich wurde nicht entdeckt und saß die

ganze Nacht da und schlief. Es war herrlich, dort zu sitzen. Es roch nach Bier und Rauch, richtiger Kneipengeruch. Es war beruhigend und friedlich. Am nächsten Tag wurde ich natürlich dort entdeckt. Ich bekam ein Frühstück, und es wurden Witze darüber gemacht, dass ich den Raum als Hotel benutzt hatte.

Ich glaube, meine Mutter war froh, ins Krankenhaus zu kommen. Ab und zu wusste sie es ein paar Tage im Voraus. Das war am besten. Dann ordnete sie alles, was meinen Bruder betraf, damit er zu seiner Pflegefamilie kam, und danach rief sie meinen Vater an. Fast schien es so, als hätte sie mehr Kraft und sei fröhlicher, wenn feststand, dass sie ins Krankenhaus musste. Viele Male schickte sie meinen kleinen Bruder nicht erst am letzten Tag weg. Dann gingen wir in die Stadt wie zwei Freundinnen und kauften Klamotten und allen möglichen anderen Luxus, gingen zum Frisör und aßen auswärts. Es kann sein, dass wir auch abends etwas unternommen haben. Das waren herrliche Tage. Ich konnte lachen und Spaß haben, obwohl mir klar war, was danach passieren würde. Wir verbrauchten viel Geld, und ich wusste, wo es herkam.

Für meine Mutter war es wichtig, ins Krankenhaus zu kommen und auf diese Weise etwas verwöhnt zu werden. Ihre Krankenhausaufenthalte waren für uns alle nicht schlecht. Oft ging es auch eine Zeit lang gut, nachdem sie entlassen worden war. Manchmal war es eine Erleichterung, wenn sie nach einer Saufperiode ins Krankenhaus kam. Ich hatte zwar Angst, zu meinem Vater zu kommen, war aber auch froh, nicht mehr bei ihr sein zu müssen.

Wenn ich merkte, dass es ihr langsam schlechter ging, versuchte ich, sie aufzurichten, aber ich war auch sauer auf sie. Schließlich hatte ich keine Lust mehr und bereitete mich auf einen Aufenthalt bei meinem Vater vor.

Ein paar Mal bin ich von der Polizei zu ihm gebracht worden, da meine Mutter festgenommen worden war. Ich bestand immer darauf, dass mein Bruder zuerst weggebracht wurde, obwohl er so gern im Polizeiauto fuhr. Einmal wollten sie mich zuerst wegbringen, aber ich weigerte mich und weinte und schrie.

Mein kleiner Bruder sollte nicht sehen, was für eine Angst ich hatte, zu meinem Vater zu kommen. Wenn er dann weg war, konnte ich mich darauf vorbereiten, zu ihm zu müssen. Es war mir auch sehr wichtig zu sehen, dass seine Pflegefamilie ihn in Empfang nahm.

Die Male, die die Polizei mich gebracht hat, hatte ich furchtbare Angst, dass sie meinem Vater etwas zu Leide tun könnten oder dass irgendetwas anderes passieren würde. Ich hätte ihn mit meinem Leben verteidigt, und wenn die Polizei wieder abfuhr, war ich erleichtert und traurig zugleich.

Ein paar Mal hat mich meine Mutter aus dem Krankenhaus angerufen, um mir zu sagen, dass ich zu meinem Vater fahren soll, aber stattdessen blieb ich zu Hause. Das war herrlich. Ich konnte tun, was ich wollte, essen, schlafen oder in die Schule gehen. Ich stand morgens auf und ging in die Schule. Ich hielt mich ziemlich genau an die Essens- und Schlafenszeiten sowie an alle anderen Zeiten. Ich kochte mir selbst mein Abendessen, wusch ab und machte sauber. Es war herrlich ruhig.

Mir war klar, dass es eine Stille vor dem Sturm war. Wenn ich entdeckt wurde, war die Hölle los. Er war stinksauer, und ich wurde hart bestraft. Zum Teil finde ich es okay, dass er mich bestraft hat.

146

Irgendjemand hat gesagt, dass wir ein Rollenspiel spielten (ich selbst?). Das ist super gesagt. Jetzt habe ich ein neues Rollenheft bekommen, aber ich habe den Text noch nicht richtig gelernt. ABER DAS WERDE ICH NOCH.
Ich muss es schaffen, aber ich muss es selbst schaffen.

Nanna

Ab und zu telefonieren wir miteinander. Ich ermutige Nanna, mehr über ihre Kindheit zu schreiben. Sie kann sich an vieles erinnern und schreibt immer mehr über ihre Gefühle aus dieser Zeit.

10.11.96

Hei Tinc,
stell dir vor! Jetzt sind 14 Tage seit der Radiosendung vergangen. In den letzten Tagen habe ich quasi nichts von ihm gehört.
Ich habe mich entschlossen, in der nächsten Zeit keinen Kontakt zu ihm aufzunehmen. Er braucht auch Zeit, um alles zu überdenken. Ich werde ihm auch lieber noch einmal schreiben, denn ich bin leider nicht stark genug, ihn aufzusuchen.
Mein kleiner Bruder hat erzählt, dass meine Mutter ins Krankenhaus gekommen ist, und er hat erfahren, dass sie diesmal für längere Zeit dort bleiben soll.
Natürlich vermisst er sie, aber er mag seine Pflegefamilie gern und spricht immer wieder davon, ganz zu ihr zu

ziehen. Er hat mich gefragt, was ich davon halte, aber ich bin nicht die Richtige, um ihm darauf eine Antwort zu geben.

Ich bin so oft umgezogen, weil ich das spannend fand. Nein, nicht nur deswegen. Zwischen 17 und 19 war ich sehr gewalttätig und zerstörte viele Dinge. Oft bin ich aus meinen Zimmern rausgeflogen, weil es Ärger gab, aber es fiel mir auch schwer, an einem Ort zu bleiben, besonders wenn er mit „schlechten" Erinnerungen verbunden war. Wenn man so oft umzieht, geht viel kaputt. Ich hatte deshalb immer neue Sachen, und meine Zimmer sind nie zu einem Zuhause für mich geworden. Häufig packte ich nicht einmal aus, da ich nur auf der Durchreise war. Ich achtete auf meinen Fernseher und meine Stereoanlage, aber alles andere war mir gleichgültig.

Einige Male drehte ich beim Streichen total durch und brauchte einige Zeit, um in Secondhandläden neue Möbel zu finden, aber wenn ich dann alles eingerichtet hatte, mochte ich nicht mehr dort wohnen.

Ich trank und rauchte viel, war oft in der Kneipe. Geld war immer auf dem Konto.

Überall, wo ich gewohnt habe, hatte ich ein paar Freunde, aber es war mir zu mühsam, ihnen zu erklären, warum ich so oft Verletzungen hatte. Es war leichter umzuziehen. Das ist jetzt das dritte Mal, dass ich auf einem Gymnasium angefangen habe, und ich hatte nicht erwartet, so lange hier zu sein, aber schließlich ist es wichtig für mich geworden, genau an diesem Ort zu bleiben.

Ich habe dir nie richtig etwas darüber erzählt, wie er mich bestraft hat. Ich habe Lust, dir davon zu erzählen, aber mir ist klar, dass es mir später Leid tun wird. Ich gehe damit ein großes Risiko ein und hoffe, du akzeptierst, dass ich vielleicht nie wieder darüber sprechen werde.

Er hat mich oft bestraft, weil ich etwas Bestimmtes nicht machen wollte/konnte oder weil ich mich falsch verhielt oder weil ich etwas Dummes gemacht hatte ... Nein, mehr kann ich nicht sagen.

Einmal, als ich 12 oder 14 war, gab es ziemlichen Ärger in der Schule, eigentlich überall, und es bestand die Gefahr, dass ich rausgeschmissen würde.
Das erste Mal, als er in die Schule bestellt wurde, wurde ich ganz normal bestraft. Aber das nächste Mal verletzte er mich. Wir waren zusammen bei dem Direktor, und ich bekam eine Moralpredigt gehalten. Mein Vater war sehr ernst, und ich konnte sehen, dass er sauer war. Er fragte, ob er telefonieren dürfe, und er rief auf seiner Arbeitsstelle an und bekam einige Tage Urlaub. Mir wurde ganz kalt, als ich das hörte, denn mir war klar, was passieren würde. Ich hoffte, der Direktor würde mir nicht freigeben. Aber mein Vater informierte ihn nur darüber, dass ich die nächsten Tage nicht in die Schule kommen würde.
Ich sagte kein Wort, konnte jedoch nicht verhindern, still vor mich hin zu weinen. Der Direktor sagte, dass es ihn freue, dass ich mein Verhalten bedaure. Ich rief „Halt die Klappe" oder so etwas, mein Vater griff nach meinem Arm und forderte mich auf, hinunterzugehen und meine Sachen zu holen.
Meine Mitschüler grinsten, weil ich weinte. Es kam zu einer Schlägerei mit einigen der Jungen, und ich bezog natürlich Prügel. Als ich zu meinem Vater nach Hause kam, bestrafte

er mich sehr hart. Ich möchte nichts darüber erzählen. Danach hatte ich jedenfalls starkes Nasenbluten, Erbrechen und Brustschmerzen, die über mehrere Tage anhielten. Diese Schmerzen habe ich manchmal heute noch. Sie kommen immer ohne Vorwarnung.

Letzten Sonntag, als ich so nervös war, hatte ich sie wieder. Damals hatte auch mein Vater große Angst.

Jetzt muss ich mich entscheiden, ob ich die Briefe, die ich in der letzten Zeit an dich geschrieben habe, abschicken will. Diesen Brief hier will ich jedenfalls nicht in der Schublade liegen lassen.

Ich bin froh, dass ich dir schreiben kann, deshalb sollst du auch die anderen Briefe bekommen.

Nanna

Ich glaube, dass dein Vater nicht nur Angst hat, sondern dass er rasend vor Angst ist, seine Macht über dich zu verlieren. Du hast erzählt, dass er abwechselnd droht, bettelt oder verzweifelt ist über das, was er dir angetan hat. Aber bisher hat er weder dich noch seine Macht über dich aufgegeben. Ich glaube, es ist gut, dass ich nicht mit ihm gesprochen habe, ich weiß zu viel über ihn. Und das können, wie du erfahren hast, nur sehr wenige Menschen aushalten. Ich habe viele Anrufe von Jugendlichen bekommen, die in der gleichen Situation sind wie du. Unter anderem von einem 19-jährigen Mädchen aus Nordjütland, deren Großvater sie seit ihrer Kindheit missbraucht hat. Ihre Eltern sind tot, und sie hat immer bei den Großeltern gewohnt. Sie geht seit zwei Jahren zu einem Psychiater; ich bin erschüttert! Sie ist jetzt nicht nur von ihrem Großvater abhängig, sondern auch noch von einem Psychiater, der in zwei Jahren so gut wie nichts erreicht hat. Sie war sehr wütend auf mich, da ich ihr nicht helfen konnte. Von anderen Vorschlägen wollte sie nichts wissen. Aber es ist okay, dass jemand auf mich wütend wird, wenn dadurch etwas ins Rollen kommt. Und das kann man nur hoffen.

17.11.96

Liebe Nanna,
du hast mir mehrere Male geschrieben, dass du deinen Körper hasst. Als wir uns getroffen haben, hast du diesen Hass mit aller Deutlichkeit durch die Art und Weise ausgedrückt, wie du ihn beschützt. Kleidung, die alles versteckt, Haare, die dein Gesicht verdecken; aber trotzdem habe ich eine sehr anmutige junge Frau gesehen, die auch Humor und Intelligenz ausstrahlt.
Im Moment läuft bei dir alles im Kopf ab. Du machst dir Gedanken, sorgst dich, verzweifelst. Deine Stärke ist gut und schlecht für dich zugleich. Du hast eine Zähigkeit, die ich bewundere, und ich glaube, dass du deinen Körper eines Tages lieben wirst, wenn du dich dafür einzutreten traust, dass er dir gehört, und wenn du dich traust, deinen Sinnesempfindungen zu folgen. Dein Vater hat deinen Körper misshandelt, aber er hat ihm nie gehört und wird ihm nie gehören.
Oft hast du geschrieben, dass du bedauerst, mich angerufen zu haben. Trotz all deinem Widerstand bedaure ich nicht, weiter an dich geglaubt zu haben, daran geglaubt zu haben,

dass es dir eines Tages gelingen wird, diesem Mann in die Augen zu sehen und ihm zu sagen, was du denkst. Das ist wohl der wichtigste Schritt in deinem Befreiungsprozess. Dazu gehört auch deine Einwilligung zu der Radiosendung. Vielleicht eine Möglichkeit, „alte Häute" abzuwerfen.

Du hast gehofft, dass sich in dem Moment etwas ändert, in dem du bereit bist, Verantwortung zu übernehmen. Ich wünschte, das wäre so, aber wie bei allen wichtigen Dingen im Leben braucht alles seine Zeit. Und diese Zeit liegt vor dir, wenn du daran glaubst und darauf vertraust, dass Augenblicke kommen werden, wo du es wagst, andere anzunehmen ohne Angst, von ihnen enttäuscht zu werden.

Du sagst oft, dass dein Vater dir viel gegeben hat. Dich gelehrt hat, an dich zu glauben, dir Schreiben und Lesen beigebracht hat. Das glaube ich dir. Er hat sich nur gewünscht, der Einzige zu sein, der dich „formt". Er wollte Macht über dich haben.

Ich bezweifle nicht, dass du ihm viel bedeutet hast, aber er hat auch Angst vor dir gehabt, denn du hast ihn in der erniedrigendsten Situation gesehen, in die ein Vater sich bringen kann: die Liebe seines Kindes zu missbrauchen. Wenn er dich bestraft, dich erniedrigt hat, geschah das aus seinem krankhaften Machtbedürfnis heraus und um dich für die Gefühle zu bestrafen, die er in sich nie bewältigt hat. Ich kann damit leben, dass du ihn verteidigst, aber es fällt mir schwer zu akzeptieren, dass du für das, was passiert ist, die Verantwortung übernimmst. Du hast seinen Glauben verinnerlicht, ein böses Mädchen zu sein, das Strafe verdient. Darin liegt seine größte Macht, und er konnte diese Macht ausüben, weil du von seiner Liebe abhängig gewesen bist.

Du bist dabei, ihm diese Macht zu entziehen, indem du so

handelst, wie du es die letzten Monate getan hast. Das weiß er, glaub mir, und vielleicht ist er in seinem Innersten dankbar, dass du das machst. Auch seinetwegen.

Ich habe dich immer wieder aufgefordert, mehr zu schreiben. Du schreibst aus dem innersten Kern des Erlebens heraus. In deinen Briefen sind Passagen, die durch ihre Präsenz fantastisch sind. Mach weiter, mach weiter.

Es tut mir Leid, dass deine Mutter sich entschieden hat, vor sich selbst und vor dir, der Tochter, zu fliehen, da du sie jetzt bräuchtest. Aber du kannst ihr nicht deine Stärke geben. Dein Vater hat sich zwischen euch gestellt, indem er seine Macht auf beiden Seiten ausgespielt hat, und solange sie das nicht sieht, wird sie sich kaum dafür entscheiden, ihr Leben und dein Leben als Alternative anzusehen. Ich weiß, dass dich ihre Abweisung unglücklich macht. Eure Situation hat euch beiden übermenschliche Kräfte abverlangt, aber es gibt keinen Weg zurück. Wir können die Dinge nicht ändern. Vielleicht wird es euch eines Tages gelingen, die Barrieren zu überwinden, das weiß ich nicht. Aber ich weiß, dass du ein ungewöhnliches Mädchen bist und dass ich dich nie als „krank" angesehen habe, wie du einmal angedeutet hast.

Ich hoffe, du denkst über meinen Vorschlag nach, die Welt zu erkunden, wenn du mit dem Gymnasium fertig bist. Es ist heilsam, andere Kulturen kennen zu lernen und sich den unglaublichen menschlichen Überlebenswillen anzusehen. Du wirst das Wohlsein entdecken, das mit der Erkenntnis verbunden ist, dass alles möglich und nichts fremd ist, wenn wir in Freud und Leid zusammen sind.

Du musst nicht notwendigerweise ins Ausland gehen, sondern in andere Verhältnisse als die, in denen du seit deiner Kindheit gelebt hast. Das soll keine Flucht sein, wie du sie kennst, sondern eine Entscheidung, andere Seiten des Lebens kennen zu lernen. Eine Art des Kraftsammelns, des Auftankens der Seele.

Zweifle nie an meinem Vertrauen, dass du das, was du dir vornimmst, auch schaffst.

Liebe Grüße

Tine

25.11.96

Liebe Tine,

du hast mich einige Male gefragt: „Was stimmt nicht?" (Die Male, als es mir schlecht ging.)

Diese Frage konnte ich dir nicht immer beantworten, weil es keinen bestimmten Grund gab. Es gibt verschiedene Gründe wie Schlafmangel, kein Geld, ein schlechtes Gewissen, weil ich eine Arbeit nicht abgeliefert habe, aber das sind nicht die eigentlichen Gründe.

Ich kann es nicht richtig fassen. Das kann ein Gefühl oder eine Stimmung sein, die mich traurig machen. Ich kann nicht genau sagen, dass gerade DAS die Ursache dafür ist, dass es mir nicht gut geht.

Soll ich das, was da ist, erklären, entschuldigen und es benennen, kann ich nur sagen: „Da ist nichts Bestimmtes"; also besteht auch kein Grund, traurig zu sein.

Ein einziges Mal habe ich mich im Kindergarten blamiert. Ich weiß nicht mehr, was ich gesagt habe, aber ich kann mich erinnern, dass sowohl die Kindergärtnerin als auch ich erschrocken waren. Danach war ich ihr gegenüber sehr auf der Hut, aber wir haben nie mehr darüber gesprochen.

Ich wollte immer gern im selben Zimmer sein wie sie, aber am liebsten war es mir, wenn sie mich nicht sehen konnte.

In der Schule wurde viel Hasch geraucht, und ich wundere mich, dass nichts dagegen unternommen wurde. Denn es war ein offenes Geheimnis. In meiner Klasse waren wir fünf, die kifften. Fast immer haben wir uns vor der ersten Stunde auf der Behindertentoilette getroffen und einen Morgenjoint geraucht.

Es war leicht zu durchschauen, wenn fünf Schüler in dieselbe Toilette verschwanden. Das Reinschleichen war immer spannend. Wir haben den anderen natürlich nicht erzählt, dass wir Hasch rauchten, aber ich glaube, alle wussten es, und wir haben auch nie zu verbergen versucht, dass wir high waren. Ich glaube fast, sie hatten uns aufgegeben, bevor es überhaupt richtig angefangen hatte.

Ich weiß nicht, was die Lehrer hätten machen können. Die Drogenaufklärung in der Schule hilft jedenfalls nicht.

An einige der Lehrer, denen ich auf der Grundschule begegnet bin, erinnere ich mich als äußerst schwach. Wir konnten mit ihnen machen, was wir wollten. Selbst wenn wir gern etwas lernen wollten und sie uns eigentlich Leid taten, war es nahezu unmöglich, sie nicht fertig zu machen. Es war so leicht, dass wir nicht anders konnten.

Die Lehrer, die ich am meisten mochte, waren die, die mir etwas beibringen wollten. Unser Mathematiklehrer war etwas Besonderes. Obwohl wir keine Angst vor ihm hatten, gehorchten wir ihm. In seinen Stunden war es immer ruhig, und alle waren von seinem Unterricht gefesselt.

Er gebrauchte seine Macht auf eine gute Weise. Wir waren nie im Zweifel, dass er bestimmte. Uns war immer klar, was wir durften und was nicht, und das akzeptierten wir. Wir hatten ihn von der ersten bis zur neunten Klasse, und die ganzen Jahre über war das so. Seine Stunden waren die besten.

Kurz nachdem ich angefangen hatte, Hasch zu rauchen – das war in der sechsten oder siebten Klasse –, kam ich mit mir und anderen nicht mehr richtig zurecht. Irgendwann entschloss ich mich, den Rest des Schuljahres zu schweigen. Aus irgendeinem Grund war ich sauer auf die Schule und die Lehrer. Das restliche Jahr über gab ich außer Ja und Nein keinen Laut mehr von mir, wenn ich etwas gefragt wurde. Viele Lehrer ließen mich in Ruhe, wenn ich sagte „ich will nicht" oder „nein", andere versuchten es, gaben dann aber auf und ließen mich in Ruhe.

Ich konnte andere Menschen immer gut auf Abstand halten, indem ich „böse" ausgesehen und einen abweisenden Eindruck gemacht habe.

Da ich mir vorgenommen hatte, nichts zu sagen, konnte ich mein Schweigen auch nicht brechen. Irgendwann hatte ich es aber satt. In den Freistunden und außerhalb der Schule benahm ich mich ab da so wie immer, aber sobald der Unterricht begann, hielt ich den Mund. Das Schweigen war zwar herrlich und friedlich, aber ich war froh, als die Schule nach den Sommerferien wieder anfing, denn damit war meine Schweigeperiode vorbei. Ich war sehr dickköpfig, und was mein Schweigen anging, war das äußerst anstrengend! In dieser Zeit rauchte ich viel, und natürlich ist es schädlich, so viel Hasch zu rauchen.

In der Klasse gab es zwei Gruppen, die „lieben" Kinder und uns. Ich glaube, wir hielten es für eine Ehre, zu den rauen und harten zu gehören.

In der siebten, achten und neunten Klasse war ich viel mit

Sally, Sten und Johnny zusammen. Heute kann ich sehen, wie widerlich wir sein konnten. Wir waren richtige kleine, hässliche Teufel. Wir vier waren im Stande, den Unterricht von mehreren Lehrern zu sabotieren. In der Freizeit waren wir auch viel zusammen. Mit den dreien habe ich zum ersten Mal gespritzt, meinen ersten Einbruch gemacht und mein erstes Auto geklaut. Viele werden sicher über das, was wir getan haben, den Kopf schütteln, und heute könnte ich auch nicht mehr mit der Angst leben, erwischt zu werden. Aber verdammt, was war das lustig damals!

Bestimmt habe ich dir nie von Lene erzählt.

Lene, die arme Lene. In der Schule hat sie nicht viel Freundlichkeit erfahren. Sie war anders als wir. Ihre Eltern waren schon alt, und sie lief immer in merkwürdigen, alten Klamotten herum. Ich weiß nicht genau, wie sie war. Nur, dass sie viel unter uns zu leiden hatte. Sie war das ideale Opfer für unsere Hänseleien, und ich kann mich nicht erinnern, dass jemand eingegriffen hat, wenn wir gemein zu ihr waren. Unser Dänischlehrer war auch sehr eklig zu ihr, oft machte er sie vor der ganzen Klasse lächerlich. Vielleicht hat er sie der Klasse geopfert, um nicht selbst ihr Opfer zu werden?

Irgendwann war in der Schule Geld gestohlen worden, und die ganze Klasse wusste, dass Sally und ich die Täter waren, aber wir behaupteten steif und fest, dass es Lene gewesen sei. Sie weinte und war sehr unglücklich und behauptete, dass wir das Geld genommen hätten, was ja auch alle wussten, aber die Klasse hielt zu uns. Wir fanden es witzig, dass ihr die Schuld angelastet wurde. Sie war ja nur Lene.

Ich erinnere mich an sie als sehr naiv; sie merkte nie richtig, wenn wir uns über sie lustig machten, oder jedenfalls tat sie so. Einmal, als wir Theater spielten, bekam sie nur deshalb die Hauptrolle der Superheldin, damit wir uns über sie lustig machen konnten. Der Held in dem Stück wurde von unserem begehrten Klassenplayboy gespielt, der seine Rolle total überzog. Lene schwebte im siebten Himmel und war fest davon überzeugt, dass er in sie verliebt sei. Wie konnte sie bloß nichts merken?

Ich glaube nicht, dass sie bei Partys oder bei anderen Unternehmungen dabei war. Sie muss furchtbar einsam gewesen sein. Alle in der Klasse hatten einen oder mehrere Freunde, aber sie war immer allein. Sten war wohl derjenige, der am nettesten zu ihr war; er hat sie auch mehrere Male gerettet. Einmal wollten Sally und ich sie zum Beispiel überreden/zwingen, Hasch zu rauchen. Ich bezweifle, dass sie überhaupt wusste, was Hasch war.

Du sollst nicht sagen, dass meine Reaktionen normal sind. Ich habe oft gehört, dass sie es nicht seien, und inzwischen ist mir das auch selbst klar.

Manchmal wurden einige von uns zum Direktor hochgeschickt, und ein paar Mal sind wir auch zur Strafe für mehrere Tage von der Schule suspendiert worden. Das war keine Strafe, sondern ein Geschenk. Nein, für die anderen war es das selbstverständlich nicht, da ihre Eltern total ausflippten. Meine Mutter sagte aber nur selten etwas.

Meine Mutter hat mir und meinem kleinen Bruder immer viel vorgelesen. Das war unser Privatvergnügen. Sie hat meinem kleinen Bruder nie erlaubt, die Schule zu schwänzen. Es ist hin und wieder vorgekommen, dass er zu Hause geblieben ist, aber das war dann ein ganz besonderer gemütlicher und friedlicher Tag. Ansonsten hat sie sehr darauf geachtet, dass er in die Schule ging, seine Freizeitinteressen pflegte und rechtzeitig ins Bett kam. Bei mir hat das nicht funktioniert. Sie hat es ein paar Mal versucht, aber entweder habe ich ihren Versuch ignoriert oder mich über sie lustig gemacht. Oder ich habe einen Streit oder eine Schlägerei angefangen; ich habe ihr nie den Glauben oder die Hoffnung gegeben, in irgendeiner Weise über mich bestimmen zu können.

Ich glaube nicht, dass sie und mein kleiner Bruder sich jemals geschlagen haben. Sie haben gestritten, aber sie konnte anders mit ihm fertig werden. Natürlich hat er zwischendurch auch mal „gewonnen". Er ist auch nie so unverschämt gewesen wie ich. Zwischen den beiden besteht eine Form von Respekt, wie ich sie zwischen meinem Vater und mir erlebt habe.

Das klingt jetzt so, als ob wir uns nur geschlagen hätten. Meistens passierte es, wenn es mir oder ihr schlecht ging. Oft haben wir in ihrem Bett gelegen und gelesen. Als ich Lesen lernte, haben wir uns abwechselnd vorgelesen. Wir konnten es auch richtig schön miteinander haben, wenn wir spülten, Fernsehen sahen oder zusammen aßen zum Beispiel. Sie hat mir auch Walzertanzen beigebracht.

Glaubst du immer noch, dass ihr besser das Sorgerecht entzogen worden wäre? Ich bin froh, dass das nie passiert ist.

Wenn meine Mutter nur leicht deprimiert war, konnte es helfen, wenn mein Vater abends kam. Ich habe ihn nie angerufen, war aber froh, wenn er kam. Ihn umgab eine gewisse Gemütlichkeit und Ruhe, die auf sie abfärbte. Oft brachte er Blumen, eine Flasche Wein oder Geschenke für uns mit. Meine Eltern saßen dann im Wohnzimmer und redeten oder sahen Fernsehen – manchmal mit uns zusammen. Am besten fand ich es, wenn mein kleiner Bruder bei mir im Zimmer war und die Tür ein kleines bisschen offen stand, sodass ich die beiden sehen konnte.

Rief sie ihn meinetwegen an, passierte es, dass er kam und den Abend bei uns verbrachte. Wurde jedoch beschlossen, dass ich zu ihm sollte, war mir klar, dass die Hölle los war. Bei diesen Gelegenheiten versuchte ich, meine Mutter darauf aufmerksam zu machen, dass ich nicht so gern zu ihm wollte. Manchmal weinte ich und versprach ihr das Blaue vom Himmel, nur um bei ihr bleiben zu dürfen.

Ein paar Mal bin ich auch weggelaufen. Einmal sogar zum Hafen. Ich wollte ins Wasser springen, wurde aber erwischt, bevor es dazu kam. An dem Abend war es noch hell, es muss also im Sommer gewesen sein. Unglücklicherweise traf ich einen Bekannten meiner Mutter. Er hat sie offenbar angerufen, denn es verging nicht viel Zeit, bis mein Vater neben mir vorfuhr. Er öffnete die Autotür, und ohne ein Wort zu sagen, setzte ich mich ins Auto.

Früher hasste ich meinen Körper, vor allem als Kind. Ich hatte oft Schmerzen, die ich jedoch nie mit seiner Behandlung in Verbindung brachte. Mir war der Grund für die Schmerzen zwar ziemlich klar, aber ich gab ihn nicht zu, noch nicht einmal vor mir selbst. Ich „entschied" mich, es so zu sehen, dass mein Körper mich bestrafen wollte.

Mein Körper und ich gehörten nicht zusammen. Wir waren Gegner.

Erst in der letzten Zeit habe ich eingesehen, dass ich meinen Körper brauche und dass ich ihn pflegen und auf ihn aufpassen muss. Aber – wie du schreibst – ich mag ihn nicht.

Du behauptest, dass mich keine Schuld trifft. Diese Entschuldigung hätte ich vielleicht als Kind brauchen können, aber was soll ich heute dazu sagen? Bevor ich nicht mit 100-prozentiger Sicherheit sagen kann, dass ich keine Schuld habe, werde ich auch nicht auf andere zugehen oder andere nah an mich herankommen lassen können. Ich habe es ihm durch mein Verhalten doch so leicht gemacht. Vielleicht habe ich ihn auch in eine Situation gebracht, in der er keine andere Wahl hatte. Deshalb kann ich andere, die ich möglicherweise mag, nicht so nah an mich herankommen lassen, sodass ich ihnen auch schade.

Woher soll ich denn wissen, dass sich nicht alles wiederholt? Oft habe ich mich damit getröstet, dass ich nicht mehr auf die gleiche Weise von anderen abhängig sei, wenn ich erst älter wäre. Wann werde ich wohl das entsprechende Alter erreicht haben?

Vor langer Zeit hast du mich einmal gefragt, wie andere mich als Kind hätten zum Reden bringen können. Die Antwort weiß ich noch immer nicht.

Ich glaube nicht, dass es eine Antwort auf diese Frage gibt. Was hätten andere tun können? Nichts, denn nicht die anderen hätten etwas tun sollen, sondern ich.

Nanna

Du stellst mir oft Fragen, die ich nicht einfach mit Ja oder Nein beantworten kann. Hätte ich gewusst, wie dein Vater dich misshandelt hat, hätte ich eine Entfernung aus dem Elternhaus befürwortet. Hier und jetzt. Aber auf der anderen Seite wäre es ebenso wichtig gewesen, deinen Vater und deine Mutter zu einer anderen Lösung zu „zwingen". Und das wäre schwer geworden, vor allem, weil dein Vater vermutlich erst einmal eine Strafe hätte abbüßen müssen.

Es fällt mir nicht leicht, dir jetzt zu schreiben, denn ich muss immer wieder daran denken, wie ich deine Frage, ob ich ihn vermisse, beantworten soll. Dass ich darauf nicht richtig antworten kann, ist ein Eingeständnis, das wehtut.

Irgendwie vermisse ich ihn. Ich vermisse die Art, wie wir auch zusammen waren, und aus dem einen oder anderen Grund vermisse ich das gerade jetzt. Nein, IHN vermisse ich nicht. Ich vermisse unsere Gespräche. Das Verständnis, den Respekt und noch „irgendetwas", das ich nicht richtig benennen kann. Aber das andere vermisse ich nicht.

Ich vermisse meine Mutter, ich vermisse, in der Stadt meiner Kindheit spazieren gehen und alte Stätten aufsuchen zu können.

Ich bin immer selbst mit meiner Panik fertig geworden, und ich hatte die Sicherheit, dass er bereit war, mir finanziell und praktisch zu helfen. Ich vermisse auch den Luxus, genug Geld zu haben, einfach einkaufen zu können und zu wissen, dass das Geld nicht ausgeht. Aber ihn selbst vermisse ich nicht.

Ich wusste, er würde mir helfen, wenn etwas schief lief. Und was ist jetzt?

Es juckt mich in den Fingern, irgendetwas anzustellen, nur um zu sehen, was passiert. Nein, ich vermisse die Panik nicht, vielleicht vermisse ich die Spannung, aber ich genieße auch den Frieden.

Das stimmt nicht ganz, und doch stimmt es vielleicht ein bisschen.

Ich glaube, er lässt mich in Ruhe, weil es zu gefährlich ist herzukommen. Aber er wartet darauf zuzuschlagen.

Oft habe ich Lust, ihn anzurufen, nur um zu hören, dass

sich nichts verändert hat. Scheiße, nichts ist mehr, wie es einmal war.

Vielleicht hilft es anderen Frauen, über das, was ihnen passiert, zu reden, wenn sie eine Telefonnummer haben und jemanden, der zuhört. Die katholischen Beichtstühle sind eine gute Einrichtung. Vielleicht ist es hilfreich, eine Telefonnummer zu haben, die man anrufen kann, wenn etwas passiert, oder auch danach. Ich weiß, dass es verschiedene Telefonberatungen gibt. Aber wen soll man anrufen, wenn man „versuchen" will, etwas zu erzählen? Es ist einfach leichter, anzurufen und zu erzählen, dass es einem nicht so gut geht, als zu erklären, dass das ganze Leben Scheiße ist.

Ich glaube, dass ich nicht bei solchen Stellen angerufen habe, weil mir durchaus klar war, dass es „gefährlich" sein könnte, etwas zu erzählen. Außerdem glaube ich, dass viele Angst haben, DICH anzurufen, weil du sehr direkt bist und weil das nicht anonym genug ist. Ich habe zwei Monate gebraucht, bevor ich genug Mut hatte, dich anzurufen, und es war mein Glück, dass ich die Möglichkeit hatte, alles zweimal zu erzählen – zuerst dem Telefonisten und dann dir. Ich habe genau aufgepasst, wie der Telefonist reagiert hat, als ich ihm von meinem Problem erzählt habe. Aber ich habe noch mehr aufgepasst, als ich mit dir sprach. Hätte ich nicht die Möglichkeit gehabt zu „üben", hättest du mich leicht so einschüchtern können, dass ich gar nichts erzählt hätte. Vielleicht könnt ihr „Tvaers" dahingehend ausweiten, dass man „üben" kann, etwas zu erzählen.

Habe ich dir eigentlich schon mal von unseren Ferienbriefen erzählt?

Er hat meine Mutter und mich immer in die Ferien eingeladen, beispielsweise nach Griechenland. Die beiden hatten
ein gemeinsames Schlafzimmer, und während wir unterwegs waren, hat er mich nie angerührt. Aber zu den Briefen.
Jeden Morgen während des Frühstücks schrieben wir einen
Brief an uns, den wir auch abschickten. Wir schickten die
Briefe als ganz gewöhnliche Postsachen, denn so bekamen
wir jeden Tag einen Brief aus den Ferien, wenn wir wieder
zu Hause waren.
Wir schrieben von den Dingen, die wir sahen, oder von den
Personen, die wir trafen. Die Bedienung und andere Gäste
waren unsere „Opfer". Oft erfanden wir Namen für sie und
rätselten, warum sie so aussahen, wie sie aussahen, und was
sie machten, wenn sie nicht arbeiteten. Besonders mein
Vater und ich gingen ganz auf in diesem Spiel und hatten
viel Spaß. Jeden Tag kauften wir eine Karte, die sehr
sorgfältig ausgewählt wurde. Es war ebenso lustig, die
Karten zu bekommen und zu lesen, wie sie zu schreiben.

Nanna

Nannas Vater kommt nicht mehr. Er ruft an. Abwechselnd drohend, bettelnd und sich entschuldigend. Nanna
macht sich hart, sie will ihn nicht sehen, und oft legt sie den
Hörer einfach auf, wenn er anruft.
Ohne dass sie es sagt, glaube ich, sie wundert sich, dass er
noch immer so viel Macht über sie besitzt, dass sie Angst
vor ihm hat.
Es wird lange Zeit brauchen.

Brief vom 19.12.96

Hei Tine,

manchmal habe ich das Gefühl, dass mir etwas fehlt und dass mir im Kontakt mit anderen etwas entgeht. Aber wenn ich mir diesen Gedanken genauer ansehe und mir vorzustellen versuche, wie es wäre, einen anderen Menschen nah an mich heranzulassen, wie es wäre, in einer Beziehung zu leben und mit jemandem zusammen zu schlafen, aufzuwachen und zu essen – und daran zu glauben, dass es so das ganze Leben sein wird!

NEIN DANKE!

Eine Beziehung würde ja auch beinhalten, dass ich dem anderen erzählen muss, was passiert ist und wobei ich mitgemacht habe. Wie könnte ich das rechtfertigen?

Mir kommt das alles so eklig und schmutzig vor, dass ich niemandem, den ich mag, davon erzählen will. Ich würde das als so erniedrigend und demütigend empfinden, dass ich nicht will, dass andere auch diese Seite von mir kennen lernen.

Deshalb muss ich andere Menschen auch vergraulen. Außerdem weiß ich nicht, ob ich überhaupt einen anderen Menschen außer meinem Bruder lieben kann.

Oft achte ich darauf, nicht zu anormal zu wirken. In vielen Beziehungen möchte ich so gern wie die anderen sein. Aber ich weiß nicht, was normal ist.

Manchmal hab ich den Mund gehalten, weil ich keine Lust hatte, die Reaktion der anderen auf meine Meinung zu sehen, und weil ich Angst hatte, die Kontrolle zu verlieren, wenn ich in einer Diskussion eine andere Meinung als die der anderen vertreten würde.

Es ist mir sehr wichtig, alles unter Kontrolle zu haben – wie ich früher schon geschrieben habe.

Man hat mir oft zu verstehen gegeben, dass ich eine Art Außenseiter bin, und darauf bin ich stolz gewesen, aber das ist eine verdammt einsame Rolle.

Entschuldigungen helfen hier auch nicht.

Es ist gut, dass ich bald Abitur mache und meine Zelte hier abbrechen kann.

Ich bin hier nicht richtig zu Hause, ich bin nur auf der Durchreise.

Als Kind war mein Zimmer mein Zuhause. Dieses Gefühl habe ich später nie mehr gehabt, und ich denke, dass ich das ein bisschen vermisse.

Einer meiner Arbeitskollegen sagte eines Nachts, dass ich auf merkwürdige Weise hart und kalt sei. Wir waren mit der Arbeit fertig und hatten ein bisschen getrunken, und er sagte es mit Wärme und Freundlichkeit. Wir lachten beide darüber und machten Witze ... aber so eine zufällige Bemerkung kann mich schon deprimieren.

Mir fällt immer noch viel aus meiner Kindheit ein, und vieles davon kann ich nicht erklären, aber ich muss daran denken.

Einmal arbeiteten wir in der vierten oder fünften Klasse mit Holz, ich war guter Laune. Mutwillig schlug ich einen der „schwachen" Jungen mit einem Hammer. Viele hatten es gesehen, und ich versuchte gar nicht zu verbergen, dass ich das extra getan hatte. Ich stürmte aus der Klasse, und unser Lehrer kam zu mir und fragte mich, warum ich das getan hätte. Ich saß die ganze Zeit da draußen und versuchte, eine Antwort zu finden, aber ich habe noch immer keine gefunden. Ich hatte gute Laune, und es gab nichts Besonderes an diesem Jungen, den ich geschlagen habe. Er stand einfach da.

Bin ich genauso wie mein Vater?

Es ist lange her, seit ich aus guter Laune etwas angestellt habe, aber die Lust, böse zu sein, taucht immer noch manchmal auf. Ich will keine Entschuldigungen, die nützen mir nichts, aber wenn du eine Antwort weißt, warum das so ist, wüsste ich sie gern.

Andererseits bewunderte ich in der Grundschule Sally und war viel mit ihr zusammen. Sie sah gut aus, bei ihr war immer was los. Sie war die Erste in der Klasse, die ausging, die Erste, die mit einem Jungen schlief und so weiter. Sally konnte anderen gegenüber verdammt hart sein; sie war viel mit dem Klassenanführer, Sten, zusammen. Wo er der Liebe und Verständnisvolle war, war sie die Harte und zeitweise Ungerechte. Sie wollte alles ausprobieren, das wild und gefährlich war.

Ihre Mutter war Pädagogin und sehr nett, aber ziemlich naiv. Sie arbeitete in einem Kindergarten und war abends oft weg zu Besprechungen. Wenn wir in Sallys Zimmer Hasch rauchten und ihre Mutter reinkam und wissen wollte, was wir da rauchten, sagten wir, das sei holländischer Tabak.

Sally bestimmte viel über ihre Mutter. Ich glaube nicht, dass sie Kontakt zu ihrem Vater hatte. Ich habe nie von ihm gehört.

Sally hatte eine unglaubliche Macht, schon in der ersten Klasse. Bis auf Sten konnte sie über uns alle herrschen, und auch mit vielen Lehrern konnte sie machen, was sie wollte, sie hatten ein bisschen Angst vor ihr.

Ich habe immer ihren Mut, ihren Willen und ihren Einfallsreichtum bewundert. Ja, ich habe bewundert, wie sie war, und ich war glücklich, dass sie mit mir zusammen sein wollte. Sie hat mir viel bedeutet.

Ich denke wieder daran, ihn umzubringen. Es fällt mir schwer zu glauben, dass er mich jetzt in Ruhe lässt, vielleicht will ich es auch nicht glauben. Begründen und entschuldigen lässt sich das zumindest teilweise damit, dass ich mir dann sicher sein könnte, für ein paar Jahre Ruhe und Frieden zu haben.
Weihnachten und Neujahr haben mir nie viel bedeutet, aber ich bin froh, Silvester nicht allein zu sein.

Nanna

Du warst guter Laune und hast den Jungen geschlagen, weil Schwäche dich provoziert und weil du deine gute Laune von niemandem stören lassen willst, wenn du endlich einmal welche hast. Es ist typisch, dass du dich erinnerst, dass du gute Laune hattest. Das war eine Seltenheit. Du hast dich hart und stark gemacht, um dich zu schützen. Aber bedeutet Stärke nicht auch, die eigene Schwäche zeigen zu können? Hast du dir einmal deine Reaktion angesehen, als dein Arbeitskollege andeutete, dass du kalt seist – auch wenn er das mit einer gewissen Zärtlichkeit gesagt hat? Es hat dich traurig gemacht, aber, verdammt noch mal, es fällt dir so schwer, das zuzugeben! Ich habe sehr darum gekämpft, dir deine verborgenen Gefühle von Schmerz und Sorge bewusst zu machen, und du hasst mich dafür und meinst, dass ich nur nach Entschuldigungen suche.

Ich brauche dich nicht zu entschuldigen. Das, was nie hätte passieren dürfen, ist passiert, und jetzt ist es, so gesehen, uninteressant, wer die Verantwortung trägt, denke ich. Ich kann dir dein Gefühl, wesentlicher Teil dieser Schweinerei zu sein, der dich dein Vater ausgesetzt hat, nicht nehmen, aber ich kann Fragen stellen, die dir weiterhelfen.

Du wärst gern wie Sally gewesen. Wie sie, die Eltern, Lehrer und erwachsene Autoritätspersonen auf ihren Platz verweisen konnte. Wie sie, die es keinem Mann erlaubt hätte, ihren Körper so zu misshandeln, wie dein Vater deinen misshandelt hat. Der Unterschied ist nur, dass sie nie einem Mann begegnet ist, der ihr seit ihrer frühesten Kindheit Gewalt angetan hat. Ihr Unterdrücken anderer ist kein Zeichen von Stärke, das darfst du nicht glauben. Es ist eine Art, sich zu behaupten, mit der sie im wirklichen Leben nicht weit kommen wird. Beneide sie nicht, aus einem anderen Blickwinkel gesehen, gehört sie zu deinem Problem.

Ich verstehe ihre Anziehungskraft, aber du hättest nie gewagt, dich so wie sie zu entziehen, und das hätte Sally auch nicht, wenn sie an deiner Stelle gewesen wäre. Du kehrst das Ganze nach innen, wirst böse und lässt deine Wut an Schwächeren aus, an denen, die dich am meisten provozieren, da sie die Schwäche zeigen, die du für deinen persönlichen Defekt hältst. Du glaubst immer noch, dass du dich aus Schwäche misshandeln lassen hast. Deshalb hasst du Schwäche und alle, die ihre Schwäche zeigen.

Du bist ein richtiger Starrkopf, aber du hast dich dein ganzes Leben mit dir auseinander gesetzt und dich nie anders gesehen als jemand, der es nicht wert ist, geliebt zu werden, und jetzt hast du Angst, selbst nicht richtig lieben zu können.

Das ist nur natürlich, und ich gebe zu, dass es lange dauern wird, bis du daran glauben kannst, gut genug zu sein und viele Stärken zu haben. Wärme, Humor, Liebe. Du zeigst sie nur ein einziges Mal, nämlich in dem Brief an deinen Vater. Es hat mir sehr wehgetan, das zu lesen, und ohne über die Tiefe des Gesagten nachzudenken, wirst du antworten, dass er dir als Einziger Respekt und Liebe entgegengebracht hat.

Erlaube mir noch einmal zu wiederholen: Dein Vater ist ein kranker Mann! Er ist ein Psychopath, und dieses Wort wende ich nicht gern auf andere Menschen an. Aber ich erkenne den Psychopathen in ihm und werde wütend, wenn ich an all die Male denke, wo ich von solchen begabten, charmanten und schwer geschädigten Menschen an der Nase herumgeführt worden bin.

Ich bin gefühlsmäßig nie von so einem Menschen abhängig gewesen, kann dich aber gut verstehen! Diese Menschen nehmen von einem Besitz und vergiften die Seele, sodass man seine eigene Urteilskraft anzweifelt. Vielleicht sind sie Vampire, in jedem Fall Dämonen.

Deshalb glaubst du, dass du ihm nur entkommen kannst, indem du ihn umbringst – wie im Märchen.

Vielleicht hast du Recht, aber warum willst du deine kostbaren Jugendjahre an einen Psychopathen vergeuden, der dir schon deine Kindheit gestohlen hat? Warum willst du ihn nicht aus deinem Körper austreiben, indem du ihn sichtbar machst? Indem du seine Schwächen zur Schau stellst und deinen Schmerz über den „Mord" an deinem Vater anerkennst?

So muss es sein, und ich glaube nicht, dass du ihn wieder sehen kannst, es sei denn, er stimmt einer Behandlung zu und zeigt dir damit, dass er die Verantwortung für die Misshandlung, der er dich ausgesetzt hat, übernimmt. Du hast ihm früher gesagt, dass ich bei der Überweisung an einen Therapeuten helfen könne. Er antwortet nicht, sondern setzt seinen Terror gegen dich fort. Du musst hart bleiben und ihm jeden Kontakt mit dir verweigern, bevor er nicht die Notwendigkeit, sich helfen zu lassen, eingesehen hat – und, was das Wichtigste ist: seine Verantwortung zugibt. Das kann zur Folge haben, dass ihr euch eines Tages als Vater und Tochter gegenübertreten könnt.

Über Macht

Eines Abends im Herbst, nach der Radiosendung, kam er, und ich bin hinuntergegangen, um ihm zu sagen, dass er wieder gehen soll. Wie immer war er sauer, aber ich hielt seinem Blick stand. Er gab mir eine Ohrfeige, und ich lief schnell ins Haus und schloss die Tür hinter mir. Ich war erschüttert. Nicht über die Ohrfeige, sondern über den Glanz in seinen Augen.

In seinen Augen lag ein ganz bestimmter Glanz. Farbe, Glanz und Größe der Augen waren anders, als ich sie in Erinnerung hatte. Es lag etwas Besonderes darin, das ich früher nicht bemerkt hatte.

Nanna

An dem Tag, an dem du seinem Blick standgehalten hast, hast du deine eigene Stärke entdeckt. An dem Tag, an dem du an diese Stärke glaubst, wirst du dich über seine Macht über dich wundern.

An diesem Tag, glaube ich, hast du ihn zum letzten Mal gesehen.

Brief vom 30.12.96

Hei Tine,
der letzte Brief in diesem Jahr.
Ich bin so froh, dass ich heute Abend freihabe und mich
auf morgen vorbereiten kann. Ich habe mit meiner Freundin verabredet, dass wir auf eine Fete gehen, auf der ziemlich viele Leute sind, sodass es bestimmt lustig wird. Im
Moment stehen wir auf irischen Kaffee, in großen Mengen
... hmm ... Aber es wird einem so verdammt schlecht davon.
Ich kann nicht sagen, dass ich auf 1996 stolz bin, aber ich
denke, dass es spannend wird, ein neues Jahr zu beginnen.
Das neue Jahr WIRD besser werden als das alte.

Musik hat mir immer sehr viel bedeutet und bedeutet mir
immer noch viel. Manchmal mache ich das Licht aus, lege
gute Musik auf, drehe die Anlage laut auf und singe oder
tanze zu der Musik. Die Musik wähle ich nach meiner
Stimmung aus, und manchmal kann ich meine Stimmung
mit Musik auch verändern.
Nach dem Singen und Tanzen bin ich herrlich entspannt.
Als Kind hörte ich immer Gasolin oder Peer Gynt von
Grieg, wenn es mir nicht gut ging. Zuerst hörte ich Grieg,
was mich ein bisschen tröstete, und wenn ich dann etwas
Fröhlicheres hören mochte, legte ich Gasolin oder andere
Sachen auf, bei denen ich mitsingen konnte.

Ich habe gerade mit dir telefoniert.
Hallo – da ist etwas, das du missverstanden hast. Ich habe
früher geschrieben, dass andere mir nicht hätten helfen
können, und ich werde wohl nie wissen, ob das stimmt.
Aber wenn ich jetzt zum Schluss ganz ehrlich sein soll, muss

ich sagen, dass ich froh gewesen wäre, wenn etwas passiert wäre, das allem ein Ende gemacht hätte. Denn mir ist durchaus klar, dass durch das Geschehene für mich einiges zerstört worden ist. Aber wenn ich sage, dass ich diese schlimmen Dinge besser nicht erlebt hätte, entscheide ich mich ja auch gegen alles Gute, das passiert ist.

Ich war mir immer sicher, dass das, was geschehen ist, falsch war und dass andere dem einen Riegel vorgeschoben hätten, wenn sie davon gewusst hätten. Viele Jahre ist mir auch klar gewesen, dass ich allein zurechtkommen musste, egal was passierte.

Wenn ich zum Beispiel bei meiner Freundin zu Hause bin und mir ihre Familie ansehe, würde ich in vieler Hinsicht gern mit ihr tauschen, und es tut etwas weh zu wissen, dass ich so nie leben könnte. Ich würde es so gern, aber gleichzeitig habe ich Angst davor.

Ich habe das schon mal geschrieben, möchte dich aber noch mal daran erinnern. Du darfst nicht vergessen hervorzuheben, dass ich niemandem rate, so lange zu schweigen, wie ich es getan habe, und so starrsinnig zu sein. Ich hoffe, ich kann anderen helfen, indem ich von mir schreibe. Es wird nie ihre Wahrheit sein, weil ich die Antwort auf das, was sie erlebt haben, nicht habe.

Oh ... es fällt mir verdammt schwer, diesen Brief zu beenden, denn das ist jetzt der Schluss. Es ist ebenso schwer aufzuhören wie anzufangen.

Ich würde gern irgendetwas Schlaues, Gutes und Richtiges zum Schluss schreiben, aber das kann ich nicht. Ich würde gern schlau, gut und richtig schreiben, danke, dass du dich um mich bemühst, und für deine ungewöhnliche ...?

Nanna

25.1.97

Nanna hat mich für zwei Tage besucht, um das fertige Manuskript zu lesen. Es ist uns beiden nicht leicht gefallen. Sie erzählt, ihr sei klar, dass sie sich verändert habe, auch wenn die Angst immer noch da sei.

Seit der Radiosendung ist ihr Vater nicht mehr in ihrer Wohnung gewesen, aber er ruft sie an. Sie sagt, ihr größter Wunsch sei, dass er sich einer Behandlung unterziehe. Ihre Mutter liegt noch immer im Krankenhaus und weigert sich, sie zu sehen.

15.5.97

Nanna macht gerade ihr Abitur. Sie hat sehr gute halbjährliche Leistungsnoten gehabt und rechnet damit, auch ein gutes Abitur zu machen.

Der Vater hat sie aufgesucht, angerufen, aber seit der Radiosendung im Oktober 96 nicht mehr ihre Wohnung betreten. Er will nicht akzeptieren, dass sie sich ihm verweigert. Nanna wagt nicht, mit ihm zu sprechen, die Angst vor seiner Macht sitzt ihr immer noch in den Knochen. Er hat ihr auch angekündigt, Fotos zu schicken, die sie in erniedrigenden Situationen zeigen, aber sie schickt jede Post von ihm ungeöffnet zurück.

Vor einem Monat ist sie in die Stadt gefahren, in der er wohnt, hat spät am Abend ein Taxi zu seinem Haus genommen, den Taxifahrer gebeten zu warten und bei ihm geschellt. Als ihr Vater die Tür öffnete, hat sie ihm das Buch gegeben und ist sofort zum Taxi zurückgegangen.

Seitdem hat er versucht, mit ihr in Kontakt zu kommen. Sie kann hören, dass er deprimiert ist und Angst hat, aber sie glaubt nicht, dass er sie in Ruhe lassen wird. Deshalb hält sie Abstand zu ihm. Sie glaubt, dass sie ein Stück weitergekommen ist und dass sie ihrem Vater eines Tages ohne Angst gegenübertreten kann.

Nannas Mutter ist aus der psychiatrischen Abteilung entlassen worden und weigert sich, sie zu sehen. Nanna hat sich jedoch entschlossen, nach dem Abitur ihre Mutter aufzusuchen und ihr zu erzählen, was passiert ist.

Ihren Bruder sieht sie oft und hat ein enges Verhältnis zu ihm. Sie möchte ihm noch nicht mehr erzählen, als dass sie ihren Vater nicht sehen will, weil er gewalttätig gegen sie gewesen ist.

Nanna vermisst ihre Familie, vermisst das Gute, das auch da war. Sie wusste, dass sie an dem Tag, an dem sie mit dem Vater bricht, beide Eltern verliert.

Tine Bryld wurde 1939 in Kopenhagen geboren. Lange Jahre arbeitete sie als Sozialarbeiterin, unter anderem in dem Kopenhagener Stadtteil Christiania, wo sie viel mit Drogenabhängigen zu tun hatte. Seit 1972 moderiert Tine Bryld für den dänischen Jugendsender P4 die Sendung „Tvaers", bei der Jugendliche anrufen und über ihre Probleme reden können. Viele nutzen dieses Angebot einer anonymen Beratung, und noch mehr Jugendliche hören der wöchentlichen Sendung zu. Tine Bryld ist in Dänemark außerordentlich populär. Sie schreibt Jugendbücher und hat eine regelmäßige Kolumne in einer bekannten Frauenzeitschrift.